aella

attraction · elegance · love · learning · action

DRESS, UNDRESS

脫衣術

CONTENTS

LOUIS VUITTON

能、量，與能量

顏色的能量

花樣與款式的能量

2 脫衣術
DRESS, UNDRESS

認識自己的身材膚色與個性

KENZO

3 怎樣投資衣櫥 PUT ENERGY TO YOUR CLOSET

DRESS, UNDRESS

雖然大部分的人認為衣櫥裡永遠少一件，其實那表示衣櫥裡多一件
多一件的衣櫥，表示衣櫥缺乏主張
永遠多一件的衣櫥，有時是因為不懂得脫下第一件衣服
只有懂得脫掉不需要的衣服，才懂得穿衣服
才能建立一個值得投資一生的衣櫥

關於黃薇

黃薇，媒體給了她一個「時尚大師」的頭銜，因為她是到巴黎時裝秀後台，和設計師面對面做採訪的先驅，同時她還為藝人做造型，做流行評論。偶爾也心血來潮做設計工作，或擔任造型比賽評審。做過商品代言人，也為慈善義賣活動四處奔走，更是許多記者會上的常客……八爪魚似的角色，讓人常常懷疑她那旺盛的精力來自何處，同時她還三不五時會拿著DIY的自製餅乾或是沙拉，在辦公室裡跟大家分享她的手藝。因此與其用「時尚大師」來稱呼黃薇，不如用「生活大師」來形容她，她從不為自己設限，也不認為創意必須受到領域的限制。

跟我一起做一個偉大的實驗

時常聽到有人說：「每天過著同樣的日子，好像永遠釐不出個頭緒，走不出自己的風格！」從穿衣的角度來看，每一個人在自己的生活轉輪裡，是沒有太多時間讓他看到一個完整的版圖，這也讓我萌起寫作《脫衣術》這本書的想法。

試看現代社會的變遷，科技的影響，都是在潛移默化之中不知不覺已經發生很大的變化，等到人有所感覺時，改變已經發生了五到十年，甚至十五年，所謂明星行業沒落了或是已經不存在，然後又有新的行業出現，變化絕不是一天或隔夜就發生。同樣的，在穿著或衣櫥上，必須重新打破，瓦解以前我們對衣櫥的一種忽略，要用嚴肅的態度來思考，同時用遊戲的心情來建立一個健康智慧衣櫥。

現在的穿著方式已經進入一個很大的轉變期，甚至可以說回歸到衣櫥的原始面貌。這個轉變來自於科技帶給人們生活跟做事方式的轉變，也來自於社會演進史的改變，甚至整個服裝工業正面臨一個很大的轉變期，人們開始追求自我時間、空間，以及自我心靈成長，這些環環相扣的影響，使得現代人開始在同中求異，在不斷的跟著生活的輪子旋轉時，情願少做而不願完全喪失自己。

有很長一段時間，服裝著重美觀跟裝飾，如今網際網路將整個工作方式或生活方式顛覆了，再加上人對休閒運動的要求，所以休閒風、運動風進入服裝界，這何嘗不是意識到功能性的重要。就穿著而言，衣著也要適應新時代的需求，學習如何多脫掉一件衣服或新衣櫥的整理跟認清，比以前更加重要。在這個時代，衣服必須兼具功能性，穿著上要滿足身體健康，滿足職場需要，滿足社會賦予行業的價值，還可以滿足投資需求，甚至還要重視衣服質材的研發。因此，如何在整理衣櫥跟改頭換面的關鍵時刻，建立起《脫衣術》的嶄新態度與觀念是很重要的。你必須要把衣櫥當做是一種投資，必須把衣櫥建立到是可以滿足生活上的需求，必須脫掉自以為好看的衣服，才有辦法應對新時代的需求。

有一次我跟環保局合作公益活動，環保人員說：「台灣一天用掉的保麗龍可以堆滿一個足球場！」當時令我錯愕不已，有很多像保麗龍的垃圾是無法分解的，而台灣有多少個足球場的空間能夠堆這些垃圾？現在大多是丟到垃圾掩埋場，但地底下產生的毒氣是很可怕的，之前的SARS、禽流感等也都是人類製造出來的，未來在穿著甚至裝扮上，會朝防塵、防細菌感染、防毒氣、具保護保濕的衣物邁進。不過要等到能夠量產到大眾都負擔得起，需要很長一段時間，事實上這類衣物在時尚工業已經討論五年、十年了，很可能很快的，忽然哪天有了突破的時候，我們在穿著上或質裁上的用法，又是很不一樣了，就像伸縮、萊卡布料，剛開始被大眾接觸時，已經研發十幾年、二十年。

同樣的，我在《脫衣術》領域已經研發好幾十年了，不妨把我當作是你們的導航者，用玩遊戲的心情，跟我一起做一個最偉大的實驗，而這個實驗總會有時間表，隨著本書頁數遞減，自己更深入瞭解服裝心理，也找對經典服飾績優股，並建立出健康智慧衣櫥，那麼這個實驗就是成功！

THE POWER OF COLORS

永遠多一件的衣櫥

我們應該把一生的穿著，或自己的衣櫥當作是一個投資
就建立衣櫥而言，每一個人都有兩個階段
一個是替自己，一個是替別人

永遠多一件而不是少一件？

常遇到很多人，嘴巴掛著說沒有衣服穿。雖然大部分的人認為衣櫥裡永遠少一件，但根據我多年觀察，其實那就表示衣櫥裡多一件。

多一件的衣櫥，表示衣櫥缺乏主張，或者不夠聰明、智慧，也反映在平常生活上，因為衣服的累積不是一天造成的，而是比較長期性的累積。在累積衣服的漫長過程中，如果你常覺得少一件，這時就該注意這種感覺，好比我們常會忽略身體給的警訊，身體某部位常這裡痛那裡累的時候，其實是身體在提醒你：「該注意一下吧！」

同樣的，假如我們常說沒衣服穿，也不要忘記這是衣櫥在跟你說話：「我現在這裡面很亂，沒什麼章法，沒什麼個性，很多衣物是塞在角落，已經三、五年不見天日了，你是否該整理我一下了！」也是衣櫥在提醒你，不要花冤枉的錢。只要少一件的想法浮現時，就不要忽略它。或者有些人不曾浮現少一件的想法，但是，當這些人參加某一個場合，內心會覺得有點失禮或丟臉的時候，也表示他們的衣櫥已經出問題了，出問題，絕不是一兩天的事。因此，永遠多一件的衣櫥，表示衣櫥裡有太多的衣物不是正確的，也不是對的，或不是你需要的，那麼，你是否應該去整理、關心一下衣櫥呢？

從多年工作累積的專業，以及從會跟不會穿衣的人身上所得到的結論，藉由《脫衣術》這本書，表達出我想要說的一種主張——我們應該把一生的穿著，或自己的衣櫥，當作是一個投資。

投資衣櫥應有的觀念與準備

衣櫥就好像是一個房子，你的身體是這個房子的棟樑，你已經住在這裡，而房子要有屋頂，要有牆壁，等堅固的外圍有了以後，屋內還要有粉刷的顏色，或是你在屋內放了磁磚、窗簾、地毯等，來把這個房子裝飾起

永遠多一件的衣櫥，有時是因為不懂得脫下第一件衣服，
本書所強調的是教你如何脫下第一件衣服，是要脫下不適合我們的第一件。

來。而一旦有了這個房子以後，是否房子就一成不變呢？當然不應有這種觀念，我們仍可以改變磁磚、窗簾、地毯……這些其實就像是衣櫥裡的衣物，是可以隨著春夏秋冬你喜歡的不同顏色而投資，不論是心理需求，或者是從實際角度有功能性的需求，都很重要，因此，我們應該用投資的角度來看衣櫥，而衣櫥，確實是值得投資的。

如果你很幸運，可以比別人早接觸「投資衣櫥」的概念，那真是要恭喜你了。

我們常說，人生可劃分許多分水嶺，在進入社會以前，你有能力決定自己消費以前，是一個分水嶺。之前是你的父母幫你打點，之後是自己有能力，有決定權的時候，是你開始替自己建立一個智慧衣櫥。

因此，就建立衣櫥而言，每一個人都有兩個階段，一個是替自己，一個是替別人，別忘了，每個人都有機會為人父母，如果你早一點知道要投資衣櫥，不僅可以為自己整理出一個好的智慧衣櫥，還可以為下一代準備好，而不是只替子女準備教育金，不要忘記還有非常重要的「衣櫥」這一塊呢！試想如果你把子女教育成功，但他們沒有一個好的外表，別人無法注意到他們有一個好的能力跟教育的時候，等於是讓他們退步，是負面的。所以，「投資衣櫥」不但是給自己的責任，可能還有很多機會，是替別人做投資。

因此，把衣櫥變成是一種投資，而且是蓋房子的概念，房子必須要有好的基礎，等好的基礎夠紮實，再往上蓋的時候，便不容易傾倒，也比較不容易出問題。不論房子的蓋法是傳統式，還是極簡式，只要基礎夠好，之

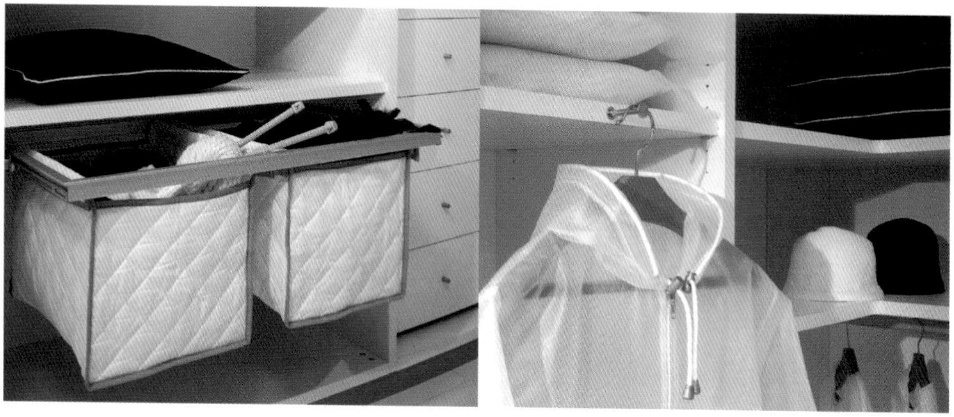

後想拆掉重新拉線都不成問題。相同的，衣櫥有好的基礎，也夠紮實，便不會出現少一件或多一件的問題了。

好衣櫥的基礎是什麼?

那麼，好衣櫥的基礎是什麼？是一目瞭然，是有空間，是容易收納跟取得，若衣櫥一團亂或不容易放跟拿，會讓很多衣服遺失或變形，甚至在顏色及質材上做搭配時，也是非常紊亂，這樣的衣櫥幾乎等於和沒有衣櫥是一樣的。並不是每個人的腦子跟訓練都像是有時尚概念的人，即使沒有好衣櫥基礎也可以找到他要的。因此，一般人想要穿出得體合宜的服裝風格，首先要擁有一個秩序良好的衣櫥。

你要想辦法讓衣櫥有次序，就像整理辦公桌一樣，用同樣的道理讓衣櫥分門別類，排列有序，可以用顏色、類別或季節區分，不過現在用季節分的概念愈來愈模糊，因為在全球恆溫的生活狀態之下，很多衣物都使用層次穿著，甚至很多品牌在追求跨功能、超越流行的領域，設計師在設計、質材甚至款式上，完全反應全球人的生活方式，因此，我會建議最好的方式是用顏色分，因為沒有季節之分，可以因應不同氣候或需求作不同種類的搭配。

衣櫥用顏色作區隔後，若衣櫥還有空間或你有多餘力氣再用分門別類法，做法很簡單，就是把同種類衣物放在一起，像是大衣歸大衣、外套歸外套、毛衣歸毛衣。一般衣櫥的設計分上、中、下三部分，最上面是吊掛式空間，掛外套、褲子；中間有些格子式空間，放折疊的裙子、褲子；下面有些抽屜式空間，放折疊的毛衣、襯衫、T-SHIRT，在擺放時每一個垂直區塊的衣物都是用同一色系，但在整個色系裡面包含各式各樣的衣物，也就是假設這一個垂直區塊是同一色系且分門別類，若要將衣櫥整理得更精簡，甚至把皮包、配件、鞋子放在同一個色塊區。

數位相機是一個幫助你在整理衣物

永遠多一件的衣櫥，有時是因為不懂得脫下第一件衣服，本書所強調的是教你如何脫下第一件衣服，是要脫下不適合我們的第一件。

和建檔的最好方式，將衣物拍照直接存在電腦裡，在電腦裡做分類，電腦有了衣櫥檔案，以後新買衣物隨時KEY IN進去，衣櫥變得更有智慧，甚至你可以嘗試搭配方法，在自己衣櫥檔案裡玩穿衣遊戲。衣櫥的尺寸大小因人而異，重點是掌握以上概念，衣櫥會非常理智且可以給你生活上最好的幫助。

如何脫下第一件不適合我們的衣服

永遠多一件的衣櫥，有時是因為不懂得脫下第一件衣服，本書所強調的是教你如何脫下第一件衣服，是要脫下一個不適合我們的第一件。

就像前面提到的，可能以前穿著是別人替你打理，那是因為你沒有辦法決定，所以你就習慣了，但在習慣的認知上，它到底適不適合你？是不是正確的呢？等到你有能力去分辨，當然這中間關係到自己美學的一種培養，一種能力，當你有這個能力的時候，你才有能力脫下，而且是很勇敢的脫下第一件你認為不適合自己的。

我們常說習慣是很難改變的，你會覺得已經習慣這種穿著好幾十年了，也沒人反對，當然不會有人反對啊，你穿衣服又沒有危害到任何人的安全，所以永遠不會有人告訴你正確還是不正確。自己要有一個態度是，隨時能夠學習，以及隨時能夠脫下，脫下那一件不適合你的，或者是脫下一件雖然你很喜歡，但自知在這個階段是應該要跟它分開的。

以我自己來說，在我的衣櫥裡面，不論從學生時代到進入社會，再到為人父母，有很多衣物是保留幾十年的。記得年輕的時候，因為本身是運動型，也可以說是外表狂野的女人，留著捲捲的長髮，身材姣好，穿著的線條比較大膽，直到某一個人生階段，赫然發現有一些年輕時穿的衣服，現在再拿來穿的時候，會有一種自討沒趣的感覺，一旦產生這種感覺的時候，我就知道那件衣服其實已經不對了，雖然尺寸OK，我還是穿得

永遠多一件的衣櫥，有時是因為不懂得脫下第一件衣服
本書所強調的是教你如何脫下第一件衣服，是要脫下不適合我們的第一件

下，但效果就是不如從前，這時我就會勇敢的脫下，跟它分開。

因此，我有很多件跟我「離婚」的衣服，至於我還是擺在衣櫥裡的原因是衣服對我而言，是我的圖書館，尤其是因為我的行業，使衣物變成我圖書館裡面的一個資料，這些資料都是有生命的，被我保護得很好。很多時候，我也會將圖書館裡的衣物運用在工作上，試著跟別的東西搭配，以適合它的身體來呈現，這時內心便覺得，多美好啊！它又找到另一個新生的地方，而且有好的發揮空間。這個發現，使我有認知要脫掉它了。如果我們把它當作投資來看的話，它就是一個好的投資，也再次證實自己的主張，讓我更具信心！

如何不要再多買一件

衣櫥永遠多一件的另一個原因是，現代人永遠在消費，其實這個消費的心態，要回溯到人類當初為了求生存，而產生所謂的「採集」的一種本性。採集也是一種消費，早期採集的心態就是去採葉子、木頭來堆火，甚至去採花來裝飾，去搜索自己需要的物品。採集與本性有關，男人是狩獵性，目標設定好之後才去追逐目標；女人則是探索，去搜尋自己要的，就採集上而言，女人的本性比男人來得強烈。消費的行為就是這種採集心態，問題是，現在的消費不再是來自於生存的本能，或許一方面是無聊，一方面是貪得無饜，又一方面是喜新厭舊，或者是被所謂的商業廣告牽引，使人喪失了自我主張，怕跟不上時代。

每一個人的消費心理不盡相同，有些人是報復心理，有些人是變成一種病，不知道什麼是適可而止，這是現代文明造成的一種文明病。加上貨幣的一種運用，尤其現在有很多所謂的塑膠卡，使你對消費沒有太多的真實感受，哪像台灣早期是以物易物，或許我們需要回到早期以物易物的時代，才能感受到得來不易，如今是得來太易了。衣櫥為什麼會變成一團亂，或者是沒有主張，就是得來太易，問題是，只有在消費的那一秒鐘是得來容易，我們常忽略到，得來太易之後所造成的問題是很大的，因為很有可能要花一輩子，去還這些得來太易的衣物。

不論你買了什麼，等你仔細分析所有買的物品，對照下來後，你可能會很訝異的發現，很多是花在衣物上面，而且是不需要的，尤其是塑膠貨幣的時代，或許有許多人都是在替銀

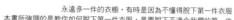

行做事情呢！這就是為什麼衣櫥會變成永遠多一件的狀況。當所有的商業行為也看準這是人的最後心態時，它會有很多不同的促銷方式，或者創造刺激買慾，造成處處是陷阱，處處是誘惑的一個機會，好比你到拉斯維加斯賭城，連廁所也不放過你，可能讓你花兩毛五去拉一個「吃角子老虎」，道理是一樣的。從所謂正規的購物中心，到夜市、路邊攤，其實都是一種商業，無形之中，讓我們隨時隨地都在採集，現代更可怕的是多了「虛擬世界」，舉凡網路拍賣、電視購物等，即使你足不出戶照樣可以採集，這種狀況只會愈來愈嚴重。

因此，我深深覺得，建立「投資衣櫥」觀念是非常迫切的，不單是影響你自己，也可能會影響你全家的經濟狀態，或許有些人得病了都不自知，而且有可能不是替自己買，還替全部的人一起採集呢！或許有些人的採集不必花大筆錢，但假如自己不是一個經濟獨立的人，而給你經濟支援的人可能看你這麼高興，心想既然不貴便縱容你，等到哪一天，對方覺得超出他的負擔，已經危害到他應該要維持正常經濟財務的分配，沒辦法再縱容你，發出警訊的時候，這時很可能引起兩人的糾紛、爭執，接下來便影響到感情，試想這災難是多麼大啊！

不論買了什麼，仔細分析所有買的物品，會訝異的發現，很多是花在衣物上面，而且是不需要的

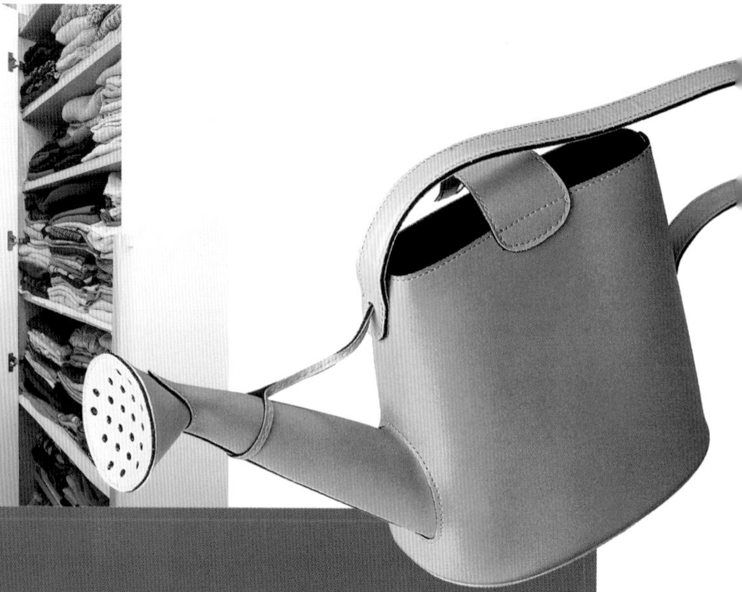

衣物保存好，才會變成績優，能量才會高

打開我的衣櫥，是以顏色作區隔，利用顏色特性整理衣櫥，在找尋衣物時也一目瞭然，等整理清楚後，啟動的能才是乾淨的。

建立健康智慧衣櫥，並沒有一定標準，因為每個人的衣櫥不同，不妨透過我作示範，讓我協助你判斷哪些是高能量或低能量，如果是負面能量請你去蕪菁，認清楚後，才能用形狀來堆砌衣櫥或用顏色來改變，我可以相信你也可以。在我的衣櫥裡，什麼樣的衣物是高能量？譬如一個茶壺形狀的皮包，因為只要別人看我帶著它便會露出笑容，或是一臉驚喜，它對我而言是一種破冰的打扮，是一個能量。又如一雙性感的高跟鞋，可以讓我的腿修長，那麼它也是一個能量。不同品牌服裝有所謂的基本款，但每個人的衣櫥有分別的基本款，視個人體態、生活方式、行業不同而異，因此，我建議用玩遊戲的心情，藉由自己熟悉、喜歡的加上別人的建議，找到自己的基本款。

先要做的功課是先不要抬頭看你走進了哪間店，千萬不要一看店面，覺得不是平常我會買的衣服便不進去，也不要記牌子，等你認識品質後再去記牌子。進入賣場後，用地毯式搜索法，盡量用手摸感覺如何，摸到喜歡的便向店員要尺寸試衣服，不要拿一件試穿一件，試衣服要一次試全身，在試衣前不妨檢查一下，如果只有上身沒有下身，可以請店員建議你搭配下半身，或許你認為只想買上半身，而多數人挑衣服也只會選自己熟悉或自認為好的，但是我們不可能每天穿衣都有專家在旁指導，店員就是最好的免費顧問。先不要排斥店員的建議，試過以後，或許你會意外的發現，原來自己也可以穿這款服裝，或這個牌子的尺寸符合自己，這是找到一個新方向跟新自己的最好方法，同時也是認識流行跟找到品味的一種可能性。

衣櫥用顏色作區隔，若衣櫥還有空間再用分門別類法，把同種類衣物放在一起，像是大衣歸大衣、外套歸外套、毛衣歸毛衣。吊掛式的空間掛外套、褲子；格子式的空間放折疊的裙子、褲子；抽屜式的空間放折疊的毛衣、襯衫、T-SHIRT，擺放時每個垂直區塊的衣物都是同色系，但整個色系裡包含各種衣物，若要將衣櫥整理得更精簡，甚至把皮包、配件、鞋子放在同一個色塊區。

打造一生衣櫥的秘訣

如果你把衣櫥當作一個投資，那麼，你一輩子的穿著永遠在你的衣櫥裡。所謂一生的衣櫥，最重要的是，先不要考慮品牌，而要先學會認識品質，再則是認清形狀，事實上，有一些形狀永遠都是討好的，是不太會出錯的，就像是一個方程式，並且這個方程式是成立的，具功能性的。就像我們身體的脖子、手以及腳是要露出衣服來的，所以衣服開的洞口有一定的模式，永遠不會跳脫脖子、手以及腳的形狀，譬如：男人衣服開的洞口有五個，包括一個脖子、兩隻手、兩隻腳；女人衣服開的洞口也有五個，或者穿裙子時有四個，或是穿無肩式服裝有兩個。還有一種衣服沒有開洞，像有些衣服是包裹式，其實人一生下來便用布包裹全身，或在沒有縫衣機、沒有針線、沒有剪刀讓衣服有變化的時代，任何民族在開始的時候都是如此。包裹式衣服是最美的，最自然的，因為每一次的包裹，都會呈現出不一樣的線條，對我而言，所謂立體剪裁也都是從包裹式原理出來的，很多衣服也是可以從這個基礎演變而來，好比我的衣櫥裡就有很多料子，它是沒有任何剪裁，或許有些人看它是料子，但這些料子可以隨時隨地變成一件衣服，或者是我的晚禮服，我的圍巾，我的床罩，我的窗簾等等。

打造一生衣櫥的三個重點

第一是質材，我很幸運，有一對好父母讓我從小有機會觸摸到好的質材。因此，我有很多基本的針織衫、圓領、尖領，不論是合身的、長的、短的，一直保留下來，因為它們質地好，質材也永遠不會變，使我在添購基本款時，也會往質材好的這個方面蒐集，試想哪天，把質材好的衣服全部轉移給下一個接收衣服的人，對打造一生衣櫥而言，那會是一個非常好的基礎，因為可以運用這些基礎，隨意搭配褲子或衣服，變化性非常強。

另外我有很多好的外套、大衣、西裝外套，好的外套可以將穿著風格延續為下一個好的開頭或好的句點，因為映入眼簾是個開頭；如果把外套脫下，它是最後一個離開身體，是穿著打扮裡面最好的句點，因此，外套是一個開頭，也是一個尾聲。

因為我收集的衣物是很基本型的，就單品來說，例如針織、褲子、裙子，加上對自己的身材非常瞭解，知道哪一類的裙子，或哪一類的裙長，或哪一類的褲型是很適合我的，所以當我找到適合的衣物時，就會不斷地累積在衣櫥裡，只要我外套裡頭的衣物是對的，有好的外套，就可以整個改變裡面的基本衣物，隨著外套的不同，外套的長短，外套的花色，外套的顏色，或外套的形狀，裡面的基本衣物自然會呈現出不同的面貌，當然像皮包、鞋子等配件也是很重要。

第二個重點是顏色，根據多年累積的專業知識，我知道顏色有比較多的可能性，可以發揮的空間很寬廣。對我而言，每一個顏色的色差可以細分

成很多種，譬如白色，從所謂真正的白到米色，中間有帶灰的白，帶黃的白等等；紅色，從很淺的粉紅，到淺橘，再一直到桃紅、豔紅等等；黑色，也細分非常多種，綠色、咖啡色等各種顏色也是如此。各種顏色在同色之間是有一點點的色差，仔細把它們拿開來看，就會分辨出來。因此，顏色是我比較堅持也很有把握的原則。

第三個重點是花樣，在我的衣櫥裡比較偏向素色，可能跟我的體態、臉型有關，或許是個人的成見吧，但並不表示我的衣櫥裡沒有花樣喔！有花樣的話，多數是規律圖案，不論是條紋、點子、格子，都是重覆性的規律圖案，佔衣櫥的百分之十，而不規則的圖案可能佔百分之零點零一，是在一種對自己說，來試試看吧！心情之下運用的，多數會在極大或極小的體積下出現，要不就大到一件外套，上面可以有很大的花，視覺上很強烈，很不一樣，或者就小至到一條圍巾。從潛意識的角度來看，花樣也可以反射出個性，就規律圖案而言，先不管我的個性到底有沒有規律，或我覺得要把自己訓練成有紀律，也許我的個性本來不是那麼強的有紀律，但是我自知在生活上必須要加強，所以我會下意識選擇有規律圖案的衣物，提醒自己應該要有紀律，或者我應該要有某一種的紀律，才能讓事情更順利的運轉，要不然像我做這種非常有創意的工作，源源不絕的靈感還真的會滿天亂飛呢！

不過，有些人挑選素色的原因是因為不敢，趨於一種安全，而沒有認清為什麼都是選素色的？這是很好自我探討的心理學，不妨仔細回想，為什麼都是素色？或者是偏好哪個顏色的素色？這時你要注意這些素色裡面是有個性，還是很無聊，還是因為害怕，最好不要犯錯的心情？不論哪一種都是很好自我個性的發現，有的時候太膽小未必是件好事。素色，也是一種提醒，是否生活太趨於平淡無聊？不妨以趣味的遊戲心情，在穿著上冒險一下吧！因為穿著打扮是最無傷大雅，最沒有破壞性，也是瞭解自己的好方法。

或許有人會覺得，我沒事吃撐了啊！這可能需要一點勉強，又為什麼不可以呢？尤其現在商業行為已經創造太多的遊戲空間，何不好好利用這個空間來自我成長一下，你真的要去嚐試一些你會欣賞別人，但自己不敢穿的衣物，譬如：你很喜歡看人穿得性感，但自己卻一件也沒有，試想為什麼會喜歡看人穿得性感，其實潛意識裡的個性佔非常大的一個因子，你就應該去滿足一下這方面的喜好，說不定你會有意外的驚喜，原來自己喜歡而且也可以。但有的時候，你也可以先滿足以後，再對自己說，其實老早就有慧根知道是要去欣賞別人，不要讓自己出醜喔！

要知道自己如何與別人不同

服裝是一個很深入的心理學，人與人之間還有一種所謂的認同感，其實從學校便很容易看出來，一群人聚在

真正瞭解自己，重新認識衣物，打造優質衣櫥，
即使相同的基本款、顏色，每個人的穿著打扮也會是不同。

一起的時候，這個族群會有一個很清楚的形象，不論穿著、打扮的品味雷同或喜好一致，或者是因為個性吸引你，這個族群聚在一起時，似乎也需要穿一樣的服裝。這時你要有夠清楚的思緒，以及自我個性的認識，才能做到同中求異，而不是被商業廣告操弄。

早期只有在某一種層面的人，才會去接受服裝的資訊，現在不同了，不論是看板、電視牆放送廣告等，現代人有平等機會去接受同樣的訊息，即使歐巴桑在市場買東西就已經在消費了。就因為在機會平等之下，服裝更需要我們投資與注意，在平等的立足點下，找到屬於自己的服裝哲學。

許多人看到我，最常問的問題是：「你覺得我穿得好不好？」通常我會馬上笑著說：「你覺得不好，那為什麼要穿？」一般人深受商業行為影響，很無意識的被大環境牽著走，導致衣櫥永遠多一件，透過《脫衣術》這本書，讓你學會脫下第一件衣服，認知亂買衣物是很笨的行為，真正瞭解自己，重新認識衣物，打造優質衣櫥，即使相同的基本款、顏色，每個人的穿著打扮也會是不同。重點是，你要知道如何與別人不同，要有一個自己的判斷，一個自己的穿著特色。

期許這本書能勾起你重新面對自己，打扮自己的意願，或許你會說，每天已經累壞了，哪有心思穿著打扮，但是你不要忘記了，為什麼會累？有可能是穿著錯誤，一直是用奴隸的方式來穿衣服，而忘了運用服裝的能量，導致你要花三倍的力量，去補足被忽略的服裝力量，才會這麼疲累。如果你願意在服裝上稍微改變一下，你的力氣就可以省掉許多。只要你有願意的心情，有改變的興趣，你就可以改變外表，身旁習慣你的人看到你的改變，也會想改變自己！但千萬不要只有願意的念頭，卻沒有行動力哦！下面的章節就會告訴你如何採取行動！

ADVICE 10

亂買衣服常見的心理陷阱

1

不外乎是外在誘惑力跟內在混亂，所謂「內亂外患」，「內亂」是指沒有好衣櫥的基礎，可能因為很久沒有整理衣櫥，或已經忘記衣櫥裡還有哪些衣物。所謂安內攘外，內亂必須先解決，有好衣櫥基礎，安了內亂後才有多餘精力去抵擋外患。

「外患」指的不外乎是打折期間，若你是個理智的人，打折其實是衣櫥理財的最好時刻，讓你一塊錢變兩塊錢使用。前提是要有理智的心態跟價值觀，知道自己的需求，若能在這種情形下訓練自己，便不會把錢花在沒打算投資的衣物上，當然說比做容易，大部分人沒做到。提供一個我個人使用的好辦法，在電腦建立衣櫥檔案，輸出當季要買的衣物清單，舉凡衣服、皮包或鞋子，貼在衣櫥外，作為本季的採購目標，等有了預算再買，衣櫥被理智整理完後，更會知道衣櫥裡多了或少了什麼，多的必須脫掉，少的就貼在衣櫥外，慢慢往目標前進，衣櫥就可以很理智很完整。

2

受到流行資訊的紛擾，像是名人穿著或配戴等綜合報導，流行資訊的氾濫常造成人們有種若沒追上的話恐怕褪流行的焦慮心理，其實這些是媒體手法、商業行為或心理學，不是常聽人說你要打敗別人，或要誘惑別人，或想要別人拿錢出來給你時，首先要徹底摧毀對方的心理防衛基礎，這些都是有因可循的，所以流行訊息根本上是個促銷的手法。若你可以超越這些外患，流行訊息其實是有趣的社會

現象跟心理學，只要認清了，這些訊息就不會變成「外患」，反而可以欣賞，而且流行訊息也提供人們一個觀察空間，看看現在發生了哪些現象，或有哪些好創作受到很多人青睞。

3

電視購物頻道。電視購物頻道絕對是個購物的陷阱，尤其在主持人強調限時搶購某某商品時，許多人會基於一時的衝動而購買了根本不需要的東西。有人常常笑家庭主婦坐在家中也可以買東西，就是受到這樣的誘惑。

4

無息分期付款購物方式，導致大部分人常常會超過負荷，讓人陷入一種循環債務關係中，而且很難脫身，通常會惡性循環下去。

5

現在的網路買賣，訓練現代人變成更聰明的消費者，跟以前的買賣方式相比，消費機會是愈來愈大，而且不論是網路購物或電視購物，皆提供一個很好的保障法，譬如十天之內可退貨等，但是如果消費者忘了在規定時間內退貨，無形中是一個大陷阱，它就會變成你不一定需要的產品。

6

現在大賣場幾乎都有分期免息優惠，甚至各種促銷的活動，譬如消費滿多少金額的化妝品，即可獲得包包贈品，大部分人都是因為想要得到贈品而去買並不需要的產品，這些都是自己要認清的陷阱，你買的到底是需要還是贈品？因此，輸出購買清單很重要，把要買的從報章雜誌剪下，貼在衣櫥外面，並定出一個預算，在多少錢之內可以買，超過多少錢或已超過自己能力時，絕對不可以買。

從心理學來看，每天看著張貼的清單，無形之中似乎已擁有它了，本來這是一個變膚淺的事情，若你能把陷阱當作一種自我個性與心理訓練的方式時，它就變成一個好玩遊戲，而且是很好的訓練方式。

7

逛街，所謂WINDOW SHOPPING，會讓人很不小心走進店裡，尤其是碰到友善的店員，即使是消費高手也會失手。

8

貪小便宜是另外一種陷阱，人常會有一種流動攤販一定便宜的想法，加上攤販老闆表示明天不在這裡賣了，大部分人會毫不猶豫的立刻購買。

9

心情不好，有可能是來自於工作不順、感情困擾或無聊，不論是何種原因，只要在心情不好的情況之下就會去買，就心理而言，是所謂的自我安慰或某種逃避。

10

心情太好，導致不在乎花費多少，或想要犒賞自己，或者是跟一群好友出去心情特好，看到物品時變成一種無理的大方，或是有一點炫耀心理。

能、量與能量

衣櫥一定會有基本色，也是全球共識
先決定你的基本色，可能是一系列的黑
或有黑、有藍、有咖啡、有灰
再用自己喜歡的顏色來調和

「能量」的分解與組合

服裝有「能」、有「量」、有「能量」。

自己本身是「能」，衣服是「量」，衣服穿在身上呈現出的是「能量」。每天早上開始穿衣服前，這時「能」還沒被啟動，先自我判斷本身的「能」有多少，再決定衣服的「量」。「能」很低的時候，要強迫自己把僅有的能，拿來對付去找好的量的衣服，這樣服裝放在身上的能量才會高。如果還沒認清自己的能而躲在衣服後面，那麼你一天的能量永遠處於低狀態，這一天會過得很灰暗，累會變得更累，負面效果一直延續，而且很可能惡化。因此，建立健康智慧衣櫥非常重要，因為如果你的衣櫥是沒有經過思考跟整理，你怎麼知道哪些是好的量呢？或者是根本沒有一件是好的量，你又會覺得少一件衣服了，而其實很可能是你有太多的衣服，只是你不知如何找到對的衣服。

「能」很高的時候，可以選各種不同量的衣服，呈現的能量一定會吸引眾人目光。你也可以把能量散播給別人，我自己就很喜歡在下雨天穿白色衣服，或者穿亮眼衣服，因為大環境的能很低，即使自己的能也很低，這時愈選高量的衣服，把自己能量加高的時候，也可以把自己多餘的能量給別人，就可以達到賞心悅目的效果。

「能」很高的時候可以選各種不同量的衣服，呈現的能量一定會吸引眾人目光
你也可以把能量散播給別人。（LOEWE）

每一個人每天都可以賞心悅目，即使很會穿衣服的人，也有所謂自認平常普通的時刻，或許在別人認為是高能量，但要視自己狀況，不要和別人比較，重點是要很清楚自己什麼時候是低，什麼時候是平，什麼時候達到高能量。高能量，就是個目標，最好每個人每天都可以有高能量，甚至還有多餘能量可以給別人，你給別人能量也會影響到其他的人，讓公司裡每個人都穿得漂亮，或是主事者會引導大家，或者是下層會往上層學習，只要學習管道是對的，下層的品味也會慢慢引導到上層，這都是會互相影響的。

從認同心理的角度來看，穿著也有族群化的現象，為何這一類的人都穿得很像？所謂從個人開始而影響別人，或主事者決定了某一種的穿著方式，會要求所有員工也採用這種穿著方式。他會先找一個能量，是企業文化需要的，然後從中去做一個很好的標準，讓每一個人在標準裡加減變化。我們不要忽略了制服的能量，制服設計的好或壞，能量也不同，從學生、軍人、空中小姐到護士等等，這些制服如果能被普遍接受，而且延用很長一段時間，表示制服的能量是高的，也符合行業的。或許有人會抱怨，上班都穿制服根本無法產生能量，但別忘了，制服上所有的配件都是量，加起來就會變成一個很高的能量，因此，從穿著上，配件很重要，是衣服外加的能量，是一個分數，每加一個好的配件，就加一分。

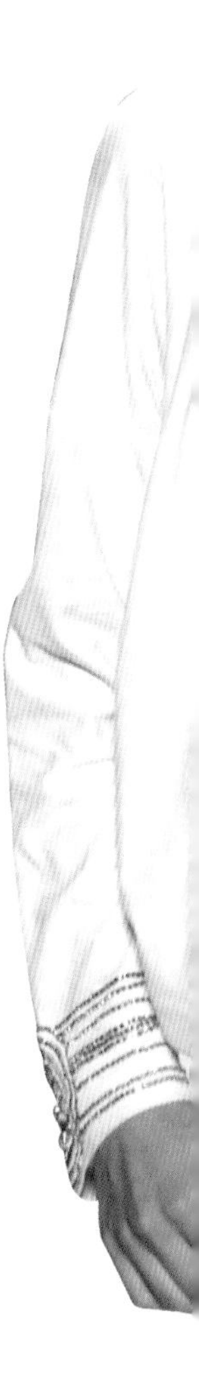

如何調配「能」與「量」

如何調配「能」與「量」，變成高「能量」，是滿有意思的思考模式跟遊戲心情，如果把自己的衣櫥建立起高能量的衣櫥，你幾乎可以確定每一天都能夠超過標準，而且都是高的分數，常聽人說改運，不外乎從服裝開始改變，不過能量不是一概論，好的能量衣櫥，就算是整個借給別人，很可能變成壞能量，要考慮個人的工作環境、生活方式、職業等因素。

現代人生活忙碌，大部分人沒時間注意服裝的「能」與「量」，但是所有習慣都是養成的，試著把「能」、「量」當作生活的必要程序。舉一個例子，我有一個習慣，早晚要從頭洗到腳，有一次，早上沒時間洗頭，感到有點疲憊，走到衣櫥前，拿了一件咖啡色皮外套，搭配深藍色上衣，頓時覺得自己的能量變低了，於是我趕

緊換上淺色外套。其實那件咖啡色皮外套一點都沒罪，只是在我「能」低的時候，都是深顏色的深藍配咖啡，兩個量便互相抵掉。如果是在「能」高的狀態下，同樣是兩個深顏色，加起來的力量便是正面，因為你還可以用別的元素打扮。雖然淺色的量有時力量強度不及深色，但在當時，一個很深跟很淺的對比，加起來的能量比較大，我才會用一個可能在當時加起來會是高量的衣服——只是一件外套顏色之差，整體的能量就高了。

或許有很多人會說，沒有分辨能量這方面的訓練跟經驗，要怎麼判斷自己何時的能低，又哪一些衣物加起來量高？其實我們都不要忽略人的本能，你的直覺會告訴你。可以在離開家門前，對著穿衣鏡看最後一眼，最後一眼是指，離開家是否可以把最好的一面帶出去，檢視看到自己是喜歡或不喜歡，不喜歡的要做調整，所謂忍不住多看一眼，如果你有忍不住不想多看自己一眼，那就有問題了。別忽略這個小問題，不處理就會變成大問題，這問題可能來自壓力、不愉快、要解決卻沒解決等等，希望每個人能學會盡量把每一天的心情做調整。眼睛閉起來睡覺以前，跟眼睛張開來都是一個很好的開關，所以每一個人每一天都有機會，就長遠來看，

服裝是很好的自我調整，如果你願意卻無從著手，穿衣服就是一個很好的起點，不但可以轉換心情，也可以讓任何人在入他眼簾的機會中，感覺到你有變化，變化的同時，別人可能給你機會重新看事情的角度，或願意給你一個機會解釋，或者願意傾聽。引起人的注意，藉此改變事情，或許聽起來不太可能，但是任何事都有籌碼與機會，而穿衣服是非常容易掌握的籌碼，也是每個人都可以做到的！

每一天啟動自己的能，然後辨別每一樣放在自己身上的量的無限可能，衣服的量如何去分它？是不是用價錢衡量？並不是，但我們也常說一分錢一分貨，也並不是一定。在半虛擬的世界裡，這個世代是尋寶的時候，每一個有能力或有抱負的人都有機會可找到很好的品質、價錢。還有一個很好的方程式，是大家比較可以把握住的，就是認識衣物，先用手觸摸，每個人的觸覺沒有一定標準，試著開始摸料子或看哪些形狀是先吸引你的，也是反應或直接感動到你的意識，不一定要痛哭流涕才算感動，衣物符合到你心崁裡的時候，那就是感動。你的喜歡，可以跟別人不一樣，但要為自己做調查，不是在資料文件取得，別人給你的資訊只是提供一些考慮的可能性，先把這個基本功課做好，再到免費遊戲場，開始感覺跟吸收自己喜歡的，或是如果你有閒情，不妨跟店員聊天，他們是活訊息，因為他們不論是否受公司訓練，一定會有些基本知識可以告訴你，等到你很清楚，可以抓住最喜好的，也就是衣櫥裡量的指數很高的衣物，那麼把高量衣物放進衣櫥，變成衣櫥裡的基礎，隨時幫助你的能，不論是低能或高能都是加分的，聽起來很無形，但衣服的量絕對是對自己最具力量的武器。

質材有太大的作用，我們常說看到衣物跟自己穿在身上是絕然不同的感覺，因為皮膚上每一個毛細孔都有觸覺，佈滿全身的觸覺神經與衣服接觸的面積非常廣，而且是每天接觸，因此，質材最重要的作用是能夠帶給你什麼樣的感覺？

不要忽略在同色調裡面的變化，它的力量是很強的，而且是非常無限（LACROIX）

材質的作用

大部分人第一個被吸引的感覺是舒適，但不要忽略除了舒適，還有其他可以給你的感覺。有些料子感覺是刺刺的、柔柔的、軟、滑、濕、挺、癢、緊、涼快、不透氣等，這些感覺都非常重要，或許有些感覺你可能會排斥，譬如緊的感覺，但緊不一定是來自形狀，有些來自伸縮質材或橡皮原料多一點的衣物，這種緊幾乎是貼在皮膚上的感覺，這種感覺有時是非常需要，尤其是具功能性的內衣，是一種對身體的約束。

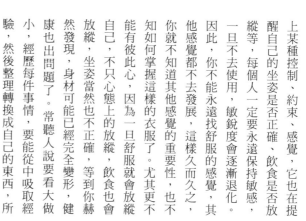

舉個例子，藉由腰帶來感覺自己的腰身，透過這種束縛控制身材，事實上某種控制、約束、感覺，它也在提醒自己的坐姿是否正確、飲食是否放縱等，每個人一定要永遠保持敏感，一旦不去使用，敏銳度會逐漸退化。因此，你不能永遠找舒服的感覺，其他感覺都不去發展，這樣久而久之，你就不知道其他感覺的重要性，也不知如何掌握這樣的衣服了。尤其更不能有彼此心，因為一旦舒服就會放縱自己，不只心態上的放縱，飲食也會放縱，坐姿當然也不正確，等到你赫然發現，身材可能已經完全變形，健康也出問題了。常聽人說要看大做小，經歷每件事情，要能從中吸取經驗，然後整理轉換成自己的東西，所以連質材給你的感覺都不能忽略。

顏色的作用

從顏色心理學來看，不要忽略在同色調裡面的變化，它的力量是很強的，而且是非常無限，或許有些人沒有任何的美學概念，要開始從服裝中體驗能量的話，如何在這麼紛亂的多元素跟聲音裡判斷？先從前面提到的觸摸開始，等到質材的感覺有了，形狀的感覺有了，就要做功課了。

第一步，找出你真正想要的顏色，每一個人其實是與生俱來有哪些顏色是自己喜歡的，很難有人找不出喜歡的顏色，如果很難決定，是因為後天告訴你有很多顏色，而且你吸收，或者是很多所謂的專家在每個行業，告訴你這個能做這個不能做，這時想辦法把自己徹回到最原始的狀態，不要受任何影響，回到自己原始的聲音，如果是你真正的聲音的時候，你就去做，因為你可以在那個顏色裡找到無窮的力量。最糟糕的是，你已經認清自己的顏色，卻因太多別的顏色干擾，到最後你連自己都沒有主張，原

沒有醜的衣物，也沒有醜的顏色，每個衣物都有正跟負的因子在裡面，只是我們怎麼運用而已。（CELINE）

本有的顏色力量都被消到幾乎沒有，而且可能會變成負面，記住，這世界沒有醜的衣物，也沒有醜的顏色，每個衣物都有正跟負的因子在裡面，只是我們怎麼運用而已。同樣的，自己是負面的能的時候，所有東西都會變成負，你用很負面的心情跟眼光去看所有事情，再美好的東西放你前面，也會覺得它什麼都不是，好比你不餓的時候，人間最美味的食物放你前面也不覺得美味，但餓的時候，很可能以前不在乎的食物都會覺得可口呢！

或許有人會認為只用一個顏色會很單調，其實一點也不單調，每個顏色的變化非常多，每個人都可以買到所謂的一個方程式色票，可看出你被吸引的是冷色調還是暖色調，不要忽略了你真正的喜好，其實也是潛意識，你給人熱情或冷酷的感覺，就是冷暖之分，也是認識自己的辨法。把色票展開，顏色由深至淺，層次分明，服裝上用幾個基本色卻可以得到許多顏色，我是在冷色調裡的淺色或是深色，我是在暖色調裡的淺色或是深色，單單一個顏色，就可以有很多的變化。要在變化中做一個很好的調色，就從簡單的基本色來說明，黑色、藍色、咖啡色、灰色是基本色，也是製造廠商所謂的長青樹，完全不受流行影響，好比黑衣服，雖然黑裡面有很多種黑，但幾乎沒有什麼品牌不做黑衣服，或不做咖啡、灰，只是比例多寡，但一定會有，因此任何人都很容易買到衣物，很有可能是基礎款，或者是有變化的，這些是所謂的容易入手的色彩。

衣櫥一定會有基本色，也是全球共識，先決定你的基本色，可能是一系列的黑，或有黑、有藍、有咖啡、有灰，再用自己喜歡的顏色來調和。如果有些人除了自己的基本色以外，其他都不喜歡，也可以從基本色中做變化，例如黑配藍、黑配灰，當然基本色也有白色，灰也有深灰到淺灰，黑也有帶灰的黑、帶紅的黑，就會有冷暖之分，即使基本色也有變化。就算沒有專家在身邊教你認識顏色，只要有色票，一個很好的方程式，不論你

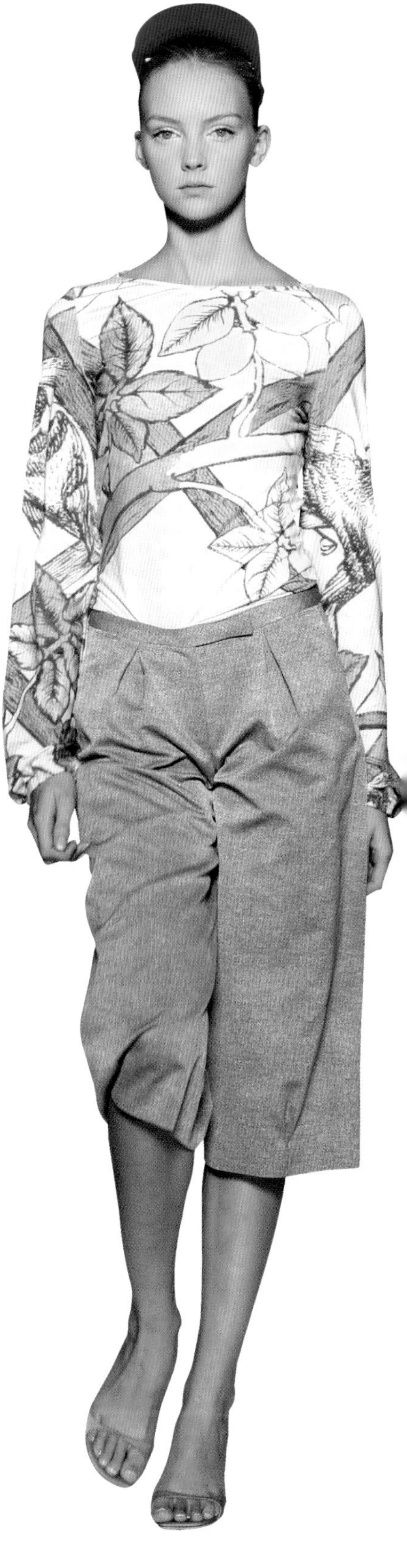

選擇什麼顏色，會有無窮的分別，或許有人會說，若到免費遊戲場練習，也不是每個品牌的顏色都齊全，很難引導自己喜歡什麼，一個很簡單的方法，只要最先抓住自己目光的顏色，就是你對色彩最原始的本能。

花樣與款式的作用

找對服裝顏色後，要從服裝中體驗能量的轉換與反應，必須先認清自己喜歡哪一種服裝款式。款式大略分三種，第一種，結構型，我做過很多服裝系學生的評審，發現東方人對數學很有概念，或許受日本設計師影響，做出來的衣物有很多幾何圖形，在衣服上會顯現出某種結構，它的結構跟西方製作的衣服不一樣，有很多皺褶、結構學，比較有稜角。第二種，極簡型，很乾淨，沒有任何多出來的圖案，所謂的極簡主義。第三種，柔軟型，線條柔和，舉凡披掛、荷葉邊等都包括在柔軟線條裡，如民俗風，比較多披掛、有垂度，線條跟結構型的完全不同，質裁也不同，所有衣物都有隆度，並跟著身體線條變化。

認清自己喜歡哪一種服裝款式，其實跟個性有關係，也是認識自己的好方法。然後認識自己的體型，把自己的體型演練清楚，等認清後再找衣服的形狀，兩者符合便統一。如果喜歡的款式跟體型有差距，可用服裝改變，修飾線條，幫助自己更好，這也是服裝真正目的跟功能。譬如你是個圓身的人，用結構或簡單型的衣服，可以改變線條。不過有些骨架本來就是屬於圓形，是無法改變的，一定要認清自己，藉由服裝可達到即刻效果，馬上讓你看起來瘦三公斤，或高兩公分，服裝絕對有魔術效果，最熟悉的是魔術胸罩，馬上可以讓你看起來挺一點、集中一點或大一個尺吋，不論從線條、顏色、形狀，絕對可以達到，只是看你會不會運用而已。

如何使能量加起來 永遠是正面，且高分

常有人問我：「如何發展自我風格？」就像我前面提到的，認識體型是一個很好的自我解剖跟認知，況且有什麼會比自己的身體更獨一無二的呢？之後從顏色開始，掌握自己的喜好，哪一個色系自己最喜歡也最討好，再從最適合自己的類別裡，轉換出自我風格。等到熟能生巧以後，便可以用一種角色扮演的心情，自由交叉或統一運用三種款式和各種顏色元素，這時投資在衣櫥的費用也會少一點，別人自然可以形容你，或者是自己形容自己。每一次形容都是一個自我檢驗，不妨把形容詞拿到衣櫥對照，試看衣櫥到底有多健康，或是要重新演練過，或把自己一星期的穿著打扮拍下來（拍全身與細部），並把得到讚美次數記錄下來，等一星期後，再看看自己的照片，自我審查一番，是不是有一個很清楚及有脈絡的風格，又有哪幾天的穿著是喜歡的，如果感覺不錯，表示能量是正的，反之，若覺得沮喪，能量就是負的。

流行的量

流行加在衣服上的量到底有多少？流行當然重要，對大部分的人而言，看起來流行表示跟得上時代，也反應願意變化的個性，但太走在流行前端不見得好，要視行業而異，內在跟外在若沒輔助力量時，太過的衣物會讓自己看起來很虛，例如：對生命或社會沒有貢獻的人，每天讓人看到奢華的一面，你只會覺得他是個需索無度、揮霍的人。服裝背負一個很大十字架跟罪名，是因為它有很多表象，加上很多人不會拿捏，或者是沒有真實內在去支撐的人，只是虛有其表的以光鮮外表來呈現浮華世界。

問題是，流行重不重要？當然有它必要的重要性，怎麼說？同樣一個衣物在焦點之下，它的量會增加，例如同樣一件白襯衫，剛好當季流行白襯衫，無形之中，白襯衫的量便增值了，好比常有人說，某人紅了怎麼變漂亮了，或許他沒變只是別人未注意到，忽然之間量無形增加了。量是被別人附加上去的，而流行是附加價值的指標，但這個附加價值隨時會消失，自己的基本量很重要，若剛好你的衣櫥是流行款式，旁人會覺得你好有品味，但身不逢時，如果流行披披掛掛，而你的衣櫥都是簡單型，沒人會覺得你會穿衣服呢！這時流行扮演一個很重要的關鍵性角色，譬如流行披掛而衣櫥是簡單型，我們可以搭配流行的配件、飾品，有基本色的人，可搭配有顏色的流行皮包、絲巾，不用改變基礎色卻可以穿出高能量。

從顏色開始，掌握自己的喜好，哪一個色系自己最喜歡也最討好，再從最適合自己的類別裡，轉換出自我風格。（CHLOÉ ）

ADVICE 10

質料的能量要注意的事情

1

所謂陰陽調和、剛柔並濟、中庸之道，能量如何產生可用這種道理解釋，若能掌握中庸的道理，質材的作用能給你的時候，它就會給你能量。

2

把過去被教育的事放下來，大部分人從小便知道哪些東西代表什麼，其實它是被教育出來的，當然有些是直覺，譬如從小看到仙人掌，父母基於保護子女會說：「不要摸，因為它有刺。」你是否曾想過，若父母是拿著你的小手輕輕地說：「感覺一下，這是刺刺的感覺。」若是這種教導，你就不覺得刺是負面的事情。因此，我們要把被教導、認定或已經輸入記憶體裡的事放下，清除既有的感覺，重新感受質料給你的能量。

3

快樂時去做改變，假如你很快樂，是否一定要穿亮色系的衣服呢？或者一定要穿很舒服的顏色？當然你會下意識去選擇衣服，但如果你認清了，你可以去做改變，當作是玩一個創意穿衣遊戲。譬如你現在很快樂，可以改變穿黑衣服，所謂黑色，是極致的權力跟死亡，若你看起來很弱，穿黑色會把你殺死，相反的，若你很強，穿黑色會給你更高的權力，你是要把快樂往更高走呢？還是利用快樂時去做改變，變成你正面的能量？

4

快樂時去做實驗，針對你不太能接受的質料做實驗，舉個例子，你本來討厭刺刺的料子，不妨在快樂時穿刺的料子，對你而言，刺原本是負面的

（CHLOÉ）

感覺，但在快樂的情境下，你會去認識刺的料子給你的全新感受，相反的，你在不舒服的情況下，接觸刺的料子，會更加受不了，它會把你否定掉。任何東西都有正負兩面，同樣刺的感覺，因人不同狀況而有不同感覺。

除了刺的料子，你也要多做實驗去摸不同的料子，最好的方式是到賣場或布料行，尤其是布料行有很多新材質是賣場裡所感受不到的，然後去記憶每一個質料給你的最直接感覺。在快樂時去做實驗，你會有新的記憶，你會變得更敏銳，也會影響你以後看事情的方法或做事的方式。

5

認識新材質，尤其是衣櫥裡比較少的衣物，你要想辦法去摸觸認識。

6

一有機會就去穿它，或許摸觸質料容易，隨手就可以去摸，但穿可能需要時間及力氣，因為手的觸感跟穿在身上的感覺不一樣，質料占人體面積幅度非常大，它絕對可以給你能量。

7

訓練質料能量的視覺，質料除了可自身感覺外，還可藉由視覺來感受。其實你每天都在接觸外界的能量，即使是在你身旁走動的人，你要懂得去學習，透過雙眼去看質料它能給你什麼樣的感覺，不論是何種質料、任何厚度，譬如一件粉色毛衣，這件毛衣是粉紅色，或許給你的感覺是舒服可愛的，再看它是毛絨質料，或許給你一種柔柔的感覺，或是有些料子很光滑，同樣給你柔的感覺，又如皮質給你很酷的感覺，這些都是訓練你的眼力，是一個很好的能量啟動。

8

訓練質料能量的聽覺，有些材質接觸起來會有聲音，譬如一件具結構性形狀的真絲裙子，這種料子的聲音很舒服，在走路時，你可以聽到風的聲音、料子跟料子的聲音以及步伐的聲音，它給你的能量是快樂的，你可以練習聽不同質料給你的能量。

9

訓練質料能量的嗅覺，每種質材都有不同氣息，這是訓練感官很好的方式。很多質材有天然的味道，尤其像皮革，當然它有些是經過人工處理，但所有質材不論是如何浸染，或因人的生活方式而吸收的味道，你都可透過嗅覺感覺質材的能量，這也是為何有些料子特別令人喜歡。譬如羊毛有種屬於它特別的味道，又如棉質，尤其在夏天剛洗完，經太陽曬乾後，你會聞到質料上有股陽光味，這都是質材所吸收的一種能量。若你能多去發展自己的身體能量，一件簡單的衣服給你的力量是很豐富的，不要忽略了感官或任何東西可以加給你的能量。

10

記得常常提醒自己，你擁有隨時隨地可以增加能量的素材，而且它就在你身邊。

顏色的能量

服裝設計師YOHJI YAMAMOTO曾說，對他而言
論入夜或者是在最寂靜時，只有他一個人的時候
黑就像是入夜前最後的影子……

BLACK

「顏色」透露出的訊息是一門很大的學問。在顏色學上，黑色是無色，所以黑色的包容力在所有顏色裡面最大，黑的力量跟魔力也非常大，但別忘了，黑色帶給你至尊的權力跟魔力，同時也帶給你極端的死亡，這就是為什麼黑色會呈現兩極化的感覺，其實是同樣的一個個性，黑色可以到最高，也可以到最低。

服裝設計師山本耀司（YOHJI YAMAMOTO）曾說，對他而言，不論入夜或者是在最寂靜時，只有他一個人的時候，黑就像是入夜前最後的影子，不難發現山本耀司對黑色比較有一種孤獨感覺。而桑麗卡（SONIA RYKIEL）形容黑色是她的力量，但是當她弱的時候，黑卻可以把她殺死，因此，桑麗卡設計黑色服裝給女人的時候，除了希望帶給穿者力量，同時她也設計很多顏色，若穿者沒有力量的時候，就需要藉由其他顏色的力量。湯姆福特（TOM FORD）則形容黑色就像一個影子，所以黑是最好的剪影創造，因此，他喜歡用黑色，整個黑的時候，可雕塑成任何線條，勾勒出最好的輪廓。雖然湯姆福特熱愛顏色，不過他認為顏色是具有侵略性的，所以他用得很小心，如今只穿黑色，因為他說黑色使他感覺舒服。

每個人用黑色的心情是很不一樣的，在我的人生裡面，幾次看到女性朋友碰到感情有變化的時候，發現很多人開始躲在黑的後面，每個人躲的方式很不一樣，可以由此看出她們是尋求何種方式來度過療傷期。因為黑色可以黑得很有禪意，所以線條很重要，下面大約歸類出三種使用黑色來療傷的女人，從頭到腳整體來看，她們所透露出的訊息又是什麼？

第一種，穿線條較直的黑色服裝，衣服形狀是跟身體有距離的，透露出來的訊息是，找尋心靈上、宗教上的啟發，著重心靈成長。第二種，穿較緊身的黑色服裝，但全身是包滿的，透露出來的訊息是，我是很受傷，但我在期待下面一個機會，甚至會造成

（048：LAGERFELD GALLERY　049：CHLOÉ・CHANEL）

一種惹人憐，有一點憔悴，會引起有些人想照顧她的感覺，她從頭髮到鞋子都注意到，即使亂了也要把它收得很乾淨，決定擦了眼淚站起來。第三種，是發瘋的黑，已經沒有頭緒了，不論線條、材質、搭配，變得很邋遢，幾乎是進入歇斯底里的黑，她透露出來的訊息等於是放棄一切。

這三種黑透露出很清楚的訊息，這時看到朋友有難，要知道用什麼方式與她們溝通，三種談話也很不一樣。第一種往心靈成長的我覺得還不錯，因為同時和她一起成長，自省或找尋心靈安頓是很好，但如果她變得太鑽牛角尖、太消極，站在朋友立場，便要拉她一把，往健康態度的方向走。第二種把自己整理很好的，只要有時間陪她就可以，不太需要說太多，她如果願意說只要傾聽就行，她所透露出來的訊息也是如此，她要來自朋友的幫助也就是這個樣子。第三種幾乎放棄的，要有心理準備跟她糾纏很久，因為她會不斷重覆辛酸、悲哀，而且可能比較不容易走出來。

WHITE

白色，是一種反射顏色，在顏色學上跟黑色一樣是無色，我發現會用白色的人其實不太多，大部分的人很怕白色，第一是因為不好打理，第二是怕太引人注意，怕用白色的微妙心理很有趣，但在男人身上，一件好的白襯衫就像襯衫裡的王子一樣，因為白最能夠反射，可以替任何顏色加分，把任何好的再反射出來，不好的也可以折射掉，因此不要害怕用白色。

常聽人形容白色純潔，其實是因人而異，好比我們在醫院裡看醫生、護士穿白衣，你會認為是純潔嗎？當然不是，他們透露出的訊息是，我們有注意到醫院的環境衛生，來看診的人都可以相信醫生及護士，因此，白色是一個很好的加分顏色。白色的個性是反射的，是一個折射調劑，可以將心理狀態折射出來，氣色不好可以變好，白也可以調和，調和的正面個性比負面多。

RED

紅色，跟白色一樣是讓人又怕又愛的顏色，紅色很搶眼，不論男人女人，沒有人用紅色會不好看，男人來件紅毛衣或紅領帶，女人來件紅色衣服，塗上口紅，甚至全身黑搭配紅色鞋子都可以。

你可以想想為何怕用紅色？是不想引人注意，還是覺得紅色得在某些日子某種心情下才適用？其實這些規則都可以打破。如果要用紅色，我很喜歡從頭到腳都是紅色，全身相同的紅，沒別的顏色摻雜，連鞋子、皮包都是。我的衣櫥有幾種不同的紅。紅色分很多種，有些紅不適合我，有些紅卻很討好。這裡要建議大家，開始選擇自己的顏色時，不能只歸類紅橙黃綠藍靛紫，因為一個顏色裡有很多層次，要先測試自己偏冷或偏熱，尤其是碰到不同的紅，只要貼臉一看，便知道哪一些紅是讓自己明亮，或者是讓自己暗，但跟別的顏色比，再暗的紅色也會讓你明亮。

ORANGE

橙色，幾乎每個人都可以用而且效果很好，是個明亮快樂的顏色，如果要給橙色能量分數的話，它是活力很高卻沒有什麼權力的顏色，有些顏色是權力顏色，譬如黑色、白色以及紅色，其他像橙色、綠色，本身不是很正的顏色，比較不會有權力特質。

碰到不同的紅只要貼臉一看，便知道哪些讓自己明亮，哪些讓自己暗，但跟別的顏色比再暗的紅色也會讓你明亮。（050：JEAN PAUL GAUTIER　051：CHRISTIAN DIOR）

衣著透露出的心理訊息

衣著透露出來的訊息是什麼，哪些料子會給穿著者什麼樣的感覺，這和穿著者所透露出來的訊息相同。因此，衣服透露出來的心理訊息，從這點小小的挑選就可以看得出來，更不要說如果要往性感的方向走，或者是中性的方向所給人的強烈感覺了。

衣著裡有很多角色的扮演，用角色扮演來看穿著，當它是一種遊戲，是一種心情的話，它透露出的訊息是很好玩的，不一定要把自己局限在某種穿著上，即使你有工作制服，但別忘了，進出公司門口的那一刻起，你就可以玩脫衣術的遊戲嘍！如果你懂得去看衣服透露出的訊息，就會變成一個善解人意的人，怎麼說呢？可以當作遊戲看周遭朋友的穿著打扮，如果他平常對穿著比較仔細、在乎，或他平常對穿著不太注意，只要有不一樣時，就可以看出他的穿衣心情，這時你就要特別注意了。

在穿衣服的選擇上是很下意識的，而且是最初的，好比身體狀況好或不好，最初一定會浮出一些徵兆。常見的例子是夫妻或是生活在一起很久的男女，如果對方忽然開始注重打扮，或開始買很多以前不會買的衣物，多數是出現問題的時候，因為對方不是為你打扮，除非他覺得要跟你一起改變，他也一定會告訴你，鼓勵你也一起，但如果他是一個人在改變，你就要注意了，他透露出的訊息非常明顯的，這時請不要自己騙自己，或認為對方是為我，其實他真的不是為你，這是滿有意思的服裝心理學。

（LOEWE・UNGARO・SIROP・HERMES）

YELLOW

黃色，不論從鮮黃到鵝黃，只要是偏粉嫩的顏色，都會讓人覺得可愛、惹人憐愛，或者是比較溫柔，大部分時間採用這樣顏色的人，與個性是符合的，一定是比較溫柔、個性不是很急的人，或脾氣不是太急躁，可以從每個人選顏色來看個性，也可以用顏色幫助自己改變個性

如果你是火爆的人，可以用所謂的顏色治療自己的負面火爆個性，建議用一些柔淡的顏色，經過一段時間，再用權力顏色的時候，便可以用得很好，會是個有權力而不是攻擊性的感覺。因為權力顏色常會變成一種攻擊性，如果你是火爆又很冷漠沒什麼人性，但你又常用嚴肅顏色的時候，可能給人一種負面的，有殺傷力的，給別人的距離只有愈來愈冷，如同前面提到的，黑色是絕對的權力，但也可能殺死你，就像人們印象中的巫婆，全身黑，陰森森的感覺，絕對是負面效果。

GREEN

綠色，從大自然來看，綠色深受大家喜歡，但不見得會放在身上，現在流行的軍綠，是少數大家比較容易用的綠色，大部分人比較容易接受基本色，譬如黑色、藍色、咖啡色、灰色，若是像土黃色這種比較渾濁的顏色，多數人比較不容易搭配。綠色是比較穩定的顏色，但也有比較亮眼的綠色，好比嫩芽剛出來還帶一點澀的綠，我就曾看過整棟大樓都用這種亮眼綠色，心裡馬上浮出一個大問號：「一定要這個綠嗎？」這種綠在這個時候不是美的顏色，不過在穿著上卻是很亮眼、很搶眼。記得在總統大選前，很多採訪者問我：「兩黨應該怎麼穿？」其實大家都忽略用黨的顏色，而且應該要持續的用，尤其是競選人要有自己的顏色，甚至只要站在競選人旁邊的人，就應該像個背板或帷幕，不須看字幕就可以很清楚的明白是哪一黨的造勢活動，不要忽略顏色在任何時刻的重要性。

PURPLE

紫色，在男人和女人的衣櫥裡面都是很好的顏色，若你不確定用什麼顏色，又怕不夠穩重，紫色是很好的選擇，因為它具明亮視覺跟開眼效果，又不會流於柔弱、不正式的個性。為何說紫色是一個很好的顏色，因為它可以跟極權顏色放在一起，譬如：紫跟黑、紫跟藍、紫跟咖啡、紫跟灰，可以替弱顏色加分，也可以替極權顏色調和，因此，紫色是一個很好的媒介顏色，夠份量，不會被弱的吃掉，也不會被強的搶掉。假如有人常常用紫色，可以知道他透露出的個性是，我不怕跟比我強或弱的人在一起，因為我還是我自己。

BLUE

藍色，幾乎是從小到大每個人接觸最多的，不論淺藍到深藍，在顏色學上，藍色有學習的個性，再深入一點，有嚴肅的個性。淺藍色，就像看天空的感覺，是愉悅的，而深藍色，是每個人都用得好的顏色，像丹寧布牛仔褲，開始也是用深藍色。藍色和黑色、咖啡、灰色一樣是基本色，有些人不適合黑色，便可用深藍做基本色。但是用咖啡、灰色做基礎色時，又要衣櫥裡有張力的顏色，它們的頂點絕不像黑跟深藍來得高，不過也要視自己生活、行業而定，從事文學工作或老師，不須用到黑這種極致權力的顏色，大部分的教授用墨綠、咖啡，跟大自然接近的顏色，反而親和力高。用較淡的顏色也有親和力，但在做事上較不討好，女性在職場上若未證明自己的能力，又每天穿粉紅色，造成很多人不會嚴肅看待她，除非能力被證明後，所有的遊戲規則才可以全被打破。

ADVICE 10

顏色的能量必須注意的事情

（CHRISTIAN DIOR）

1

不要忘記每一個顏色都有正面個性、負面個性，要認清顏色給你的正負面能量。

2

視場合用對顏色非常重要，我曾經看到一群政治人物做採訪，在訪問團裡發現所有人都穿嚴肅顏色的服裝，唯有一個女人穿桃紅色，這時就是訓練自己眼力的時刻，你看到這個桃紅色是很搶眼沒錯，但請你暫停一下，仔細試想桃紅在這個場合是表現出正面還是負面能量？顏色有場合之分，有些顏色本來是一個好的顏色，但在比較嚴肅的場合，就不能用太女性或太煽情的顏色，反而會有偏差效果。

3

顏色跟情緒的搭配很重要，我們可以用顏色來矯正氣氛或情緒，不論是自身或在一個場合，若想要軟化一個很嚴肅的地方，可以用一些對比的顏色，像快樂或明亮的顏色，去軟化嚴肅氣氛，甚至使用好玩的顏色，若想要讓一個沒有組織性的地方嚴肅起來，可能要用比較重一點的顏色。

4

顏色會影響一個人的家庭生活，從臥室、客廳到所有地方，顏色絕對會影響家庭是否和睦或爭吵，因為有些顏色比較容易讓人躁，而有些顏色比較容易讓人平靜，常聽人說，新婚夫妻最好不要睡在全粉紅的房間，很可能導致先生性無能，因為房間感覺很軟化，久而久之，會降低男性的雄風。舉個例子，常看到醫院有很多綠色或淺綠色，因為綠色給人一種生命的感覺，又如學堂有很多藍色、淺藍色，給人海闊天空、開放的心情，代表我很願意吸收、願意學習的意思。

5

顏色會反應出個性，什麼樣的顏色就有什麼樣的個性，它不是隨便放上去的，這就是為何人們喜歡看藍天白雲或大自然的風景，它在每個人性裡面，是非常直接的一種感覺或概念。

6

顏色會影響個人穿著魅力，可以利用顏色來改變每個人每一天的心情。

7

利用顏色來替你開場，不論是在面試、開會、大眾場合或有機會站在眾人面前，顏色都是一個很好的開場工具，因為它在人的視線裡，占的範圍面積最大塊。

8

若你懂得靈活運用顏色，它可以增加你的能量，你甚至可以從別人看不見的地方著手，好比內衣的顏色，它是第一個放在身上，也是一天當中最後脫掉的顏色。你把衣服一件一件的由內穿到最外面，跟從外脫到最裡面，是自己面對自己看得最清楚的時候，因此，假如你把所有的衣物放對了顏色，在放的同時你就是在增加個人能量，等你脫掉最後一件衣物時，你也會看它們在今天給你的能量分數，很可能比你出門時的能量更高，表示你之後累積出正面能量，其實這也是一種自我反省的方式，有一種對話功能，又帶有一點遊戲心情，透過所謂加加減減的方式，反省這一天有哪些能量是加的、哪些能量是減的。

9

顏色可以娛樂別人、娛樂一個環境，譬如我喜歡在雨天穿白色或亮眼顏色的服裝，因為在一個陰霾的環境裡，心情已經夠低落了，若這時在視覺上可以感覺很開朗，它就是一個快樂能量。

10

顏色有保護作用，事實上，若你懂得運用顏色，它可以保護我們，譬如在做戶外活動時，不論是爬山、滑雪，都需要穿亮顏色的服裝，亮的顏色不只是讓你在大自然裡很醒目，而且在必要的時候，它是引人注意的一個保護顏色。顏色的保護作用除了讓人看得見之外，還有另一種是看不見的保護作用，所謂迷彩或軍綠，就是要讓人看不見的一個保護色，因此，不論是你要讓人看得見或看不見，它都具有一種保護作用，不要忽略顏色在這個時候的能量。

花樣與款式的能量

有些女人會從男人衣櫥裡借元素，譬如穿套裝
而能夠把套裝穿得很有個性，是高難度的穿衣技巧
尤其是男人衣櫥裡所謂的西裝跟褲裝

衣著的能量

「款式」透露出什麼訊息？對大部分的女性而言，剛好蓋膝蓋的裙子是很好的端莊指標，它可以讓你正式到出入任何正式場合，甚至可以搭配平底鞋，都是不會出錯的，又給你適度遮蓋，不會讓你坐下來還需拉拉扯扯，所以過膝是很好的長度。如果裙長到小腿肚，材質又是比較紡紗或柔軟的，但同樣穿平底鞋，呈現出來的感覺便不同，過膝是輕快俏麗，到小腿肚則是飄逸。

女人除非是穿得過短，若是坐在下來不會太難看的階段倒還OK，不過還是要看場合，建議喜歡穿款式較短的人，寬鬆度要注意，愈短不能愈緊，那會造成只是在賣弄性感，除非那是你要傳遞的訊息，否則只要它的短度往上一吋，寬度就要放寬一吋，同時也要看每個人腿的形狀，可以用不同的比例找到自己最好的線條，因為差半吋、差一吋在每個人的腿上是不一樣的。

我並不建議因為男人只有襯衫跟領帶，你也來個襯衫跟領帶的穿法，誰會喜歡看到一個女人假裝男人呢？

款式透露出的訊息比較不是一概而論，跟身材、從事的行業、喜好有關，譬如女歌手齊豫，她永遠都是寬鬆衣服，身上會有很多披披掛掛的東西，因為她從以前到現在都是這類型穿著，加上我認識她，知道她有一點波西米亞的個性，所有衣物對她來說是可以跟著心情很隨性的，如同她在款式上所透露出的訊息，也有吉普賽、波西米亞風格的個性。一個有細心注意到每一個細節的寬鬆，跟一個只是隨便拉出來放到身上的寬鬆，是很截然不同的心理反射。

各種不同的款式可以投射在任何的風格上，以中性穿著來說，有些女人會從男人衣櫥裡借元素，譬如穿套裝，而能夠把套裝穿得很有個性，是個很高難度的穿衣技巧，尤其是男人衣櫥裡所謂的西裝跟褲裝，如何在兩性之間取到平衡，而不是借男人衣櫥裡的元素來武裝自己，這是女人要注意的。大部分套裝也最能表現出優質跟劣質，我們常說男人穿西裝非常英挺，因為西裝的整個線條跟衣服的結構，可以創造一個不一樣的體型，因為套裝可以將身體的線條全遮掉，同樣女人在運用套裝也是如此。不過女人在運用套裝時，要注意到其他搭配的衣物，因為我們雖然跟男人衣櫥裡借了很好的元素來，但我們常常忽略了，男人還有另外一個很重要的元素——他只有襯衫跟領帶的組合，是一個很簡單的組合，但女人去借了一樣元素來以後，常常忽略了它本身簡單，可以修正線條的好處，而把簡單衣物複雜化了，本來簡單的力量就不見了，因此，在穿套裝的時候，需要多練習，才可以達到非常有個性跟穿得有品味的方式。

但我並不建議因為男人只有襯衫跟領帶，你也來個襯衫跟領帶的穿法，誰會喜歡看到一個女人假裝男人呢？尤其是沒有男人的身材、個性跟外表的話，大家會覺得你只是模仿，假裝個性太多，造成假象的形象，而且大多是負面的感覺。這種穿衣的態度絕對不建議，除非你的言行跟體型是可以偶而來一次的。

ADVICE 10

花樣與款式的能量必須注意的事情

1

圖騰是另外一種語言，它跟文字一樣深具意義，在少數民族裡經常可以看到圖騰。

我曾經籌劃過美索布達米亞展，運用古圖騰來做現代衣服的經驗，以及每次在國外博物館看展覽，看到各國不同少數民族或部落在做藝術時，發現到全世界的圖騰都是一樣的，不論是條紋、形狀或點子形成的圖騰，它都是一種記憶、記載或敘說，因此，花樣的運用非常重要。

2

注意各種行業所代表的花樣。有些行業有某些不成文的花樣，其實它代表一種紀律、一種不變的原則，重點是要認清每一個行業特質，然後將它充分利用。

3

來自大自然的花樣，永遠讓人覺得輕鬆、輕柔與浪漫，經常出現在女性洋裝上。

(STELLA CADENTE)

4

注意花的大小各有不同的意思，有些是大到身上只有一朵大花，經常用在藝術方面。有些是一直重覆的小碎花，比較適合用在年輕、幼教、女性及柔性工作者身上。男性身上出現花，代表一種假期、遠離工作及輕鬆的感覺。花在不同時間或不同人身上出現時，它的大小透露出不同訊息。

（JEAN PAUL GAUTIER）

5

規律圖案給人一種紀律感，所謂規律圖案有條紋、點子、格子等，規律圖案的粗細跟大小，都代表不同的意義。記住一個準則，圖案愈小，愈接近嚴謹、正式的意思；圖案愈大，愈接近輕鬆的意思，就條紋而言，監獄裡所使用的條紋很大很粗，粗到呈多數等比，並使用黑白對比色，代表紀律、黑白分明、沒有灰色地帶。

6

點子愈小，愈代表嚴肅，因為它遠看幾乎像素色一樣，若點子很大，好比小丑身上的服裝，則有戲謔效果。

7

格子愈細，愈代表嚴肅，就像學府的學士們用很多格子，表示紀律及空間兩者兼具，但格子愈大，愈代表輕鬆，尤其是雙色格子，如同我們常看到的野餐桌布，這種規律的圖案，不論是條子、點子或格子，都是表現出在規律中會有空間的一個方式。

8

合身款式，是一種讓人認清得體最好的一種穿著方式，所謂得體、得時、得宜非常重要，去適合的場合說適宜的話、做適宜的事以及穿對的服裝。

9

緊身款式，是給自己最多紀律的一種穿著，不論是緊的性感、緊的密不通風或緊的像運動服裝，它都是很有紀律。事實上，每個人必須保養及訓練自己的身體，甚至維持一定規範，緊身便是一種自我紀律的穿著。

10

鬆身款式，是讓人感受愉悅、輕鬆或放下的最好一種穿著方式，我們必須學會放手，適時的由緊放鬆，自己要知道該讓疲倦的身體休息，或是在一個很輕鬆的場合，也要讓別人覺得很舒服自在，鬆身是讓我們學習這種感受或態度的一個很好方式。

DRESS, UN DRESS

認識自己的身材 膚色、臉型、個性

偏黃膚色的人，只要顏色帶土色就要避免
例如穿咖啡色衣服，若沒化妝，沒別的顏色調色
會讓膚色更黃，看起來無光

認識身體，找出優缺點

來玩遊戲囉！首先，全身脫光光，然後躺下來看自己的身材跟臉型，連鞋子也不要穿，最好可以找到一個能夠照到上下左右的全身鏡子，不妨藉此理由去一下賓館，這時賓館很正面，每個人都可以去。鏡子是最真實的反應，可以透過鏡子認識自己身體，如果只有一面全身鏡，可以利用一個小鏡子，拿在手上，然後正面、背面看得很清楚，連左右側面都要看仔細，甚至趴下來看。我們常常會目光閃爍，閃爍是指逃避不想看的地方，這時只要看到不好的地方，你就要推進，看到自己不喜歡的身體部位，反而要再仔細看它，給它第二次機會，赤裸裸面對自己的時候，先不要預設立場，也不要被世俗標準的美左右，這時候你要在自己身上隱惡揚善，多愛自己一點，對自己仁慈一點，重新面對自己。看到哪一個部位是自己一直覺得最有問題的，再好好的看，你為什麼認為它是個問題，你會不會常因這個問題導致姿勢不良，或者是選錯衣服？是否可以改善這個問題？對多數人而言，身材上的問題不外乎是小腹突出，腰有墜肉，你不能每天抱怨但什麼事也不做，還每天繼續做不該做的事情，縱容它發展，既然不喜歡，就要想辦法糾正，這就是認識自己身體最好的辦法。

看到哪一個部位是自己一直覺得最有問題的，再好好的看，你為什麼認為它是個問題，
你會不會常因這個問題導致姿勢不良，或者是選錯衣服？是否可以改善這個問題？（M.A.C）

五種身材

人的身材大略可分五種。

第一種，肌肉型身材，肌肉大，大塊頭，在穿著上，很可能被誤為多肉型。第二種，圓型身材，柔軟型，傾向肥胖，肌肉線條未鍛鍊。第三種，中等身材，各方面中等，肉不多也不太見骨，剛剛好，所謂的中等也常常會變得平淡，平淡指身材沒有特別突出，但如果有某一部位突出就是好身材。第四種，骨感型身材，傾向瘦。第五種，綜合型身材。

任何一種體型都有好的跟美的地方

人的體型大略分三種，第一種，結構體型，身體像刻出來的，有稜有角。第二種，柔軟體型。第三種，骨感體型。結構型服裝，適合結構體型的人，如果又高挑，大概沒有什麼衣物是不能穿的，比較優勢，可以穿結構型、簡單型、柔軟型服裝，多數結構體型的人，鮮少穿很柔軟的衣服。極簡型服裝，適合各種體型的人，是一個很好的修飾，呼應出極簡衣服可以長期流行，可以找到共同聲音。柔軟型服裝，適合中等體型的人，帶肉見骨，偏比例好、身材姣好、玲瓏有緻的身材。例如我的臉是肉臉，身體線條多是圓的，屬於柔軟體型，若穿針織衣服看起來會擴大，更加圓，但不代表我不可以穿針織衣，照樣可以挑結構的針織穿。又如女歌手齊豫常穿柔軟型衣服，但她的臉帶骨，同一件衣服，我穿和她穿，我看起來會比齊豫大，因為臉的關係。而王小嬋的臉也帶骨，但穿結構型衣服就會冷過齊豫，因她的肉少過齊豫，骨多過齊豫。好比買肉一樣，肥肉跟瘦肉都有好吃之處，甚至五花肉也很肥美，而人的每一種體型也都有好的地方跟美的地方，只要把自己變得最美味、最可愛及視覺上最好，就非常出色！

天下沒有難看的膚色

膚色是與生俱來，天生的，我們大概不大能改變，當然現在有所謂的儀器就另當別論了。中國有印堂發黑、黑裡發光、灰頭土臉、紅光滿面、白裡透紅等形容詞，都可形容膚色，不妨檢驗自己的膚色是哪一種。

想要認清膚色，可以約好大家先不化妝，然後和大家一起做比較，或把衣服拉下來一點，看上胸部的膚色。東方人的膚色大略可分偏黑、帶黃、白的、白裡透紅四種。膚色對我而言，尤其是女性身上的問題不大，但對男性而言，就要認清了，膚色黝黑的人，如果是因氣色好，膚色可能黑

黃金比例

許多人都認為，美是一種很主觀的看法，東方和西方、古代和現代所欣賞的類型都不一樣，那麼這世界上難道沒有所謂的「完美臉形」嗎？事實上，在實事求實的科學家眼裡，所謂的美是有一個放諸四海皆然的標準，絕對不是用個人品味可以解釋的。

關於美的準則，最早起源於希臘，當時的哲學家同時也是數學家的畢達格拉斯即發現動植物的生長都有一定的數學定律，例如花朵的形狀和其對稱的美感皆有其特殊的幾何比例，並不是巧合而已。但是一直到了文藝復興時期，義大利人才真正精確的計算出來「美的黃金比例」是1：1.618。以人類的身材而論，從頭頂到肚臍和肚臍到腳掌的黃金比例是1：1.618，其中人體的肚臍位於人體身高的黃金分割點，肚臍以上，頸部是黃金分割點；肚臍以下，膝蓋是黃金分割點。也就是說一個人如果合於這個比例，那麼他就擁有了完美的好身材。

了解這個人體奧秘的古希臘人，並將它充分運用於藝術雕塑中，例如象徵愛與美的維納斯雕像，便被視為女性體型美的標準。此外「黃金比例」也被廣泛的運用在建築、美術、雕塑、音樂當中。

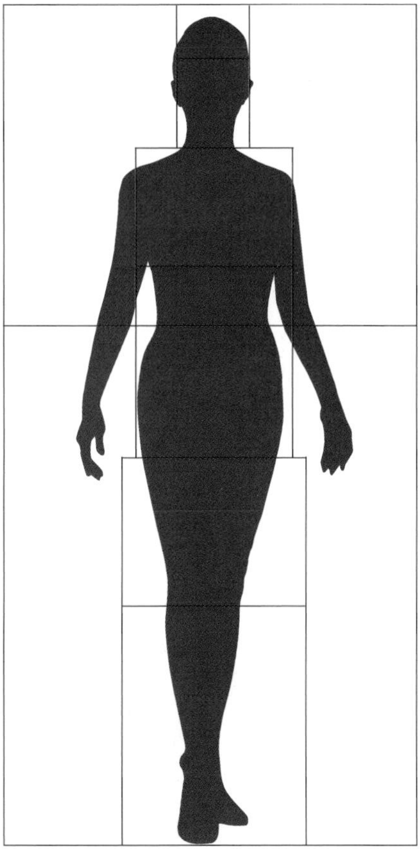

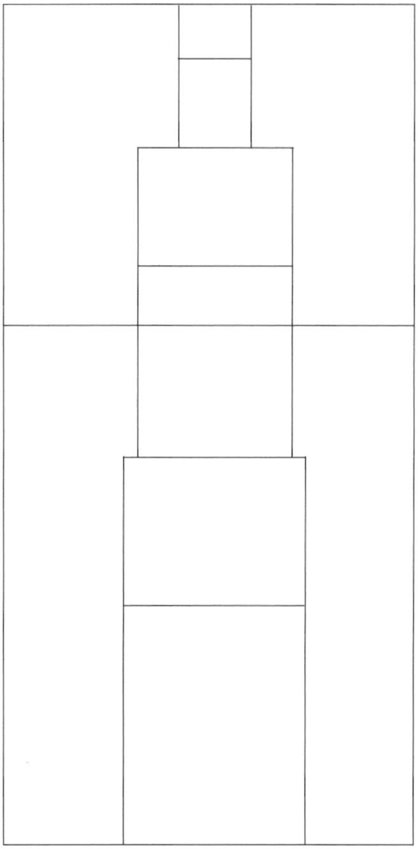

人的身材從頭頂到肚臍和肚臍到腳掌的黃金比例是1：1.618，
人體肚臍位於人體身高的黃金分割點，肚臍以上，頸部是黃金分割點；肚臍以下，膝蓋是黃金分割點。

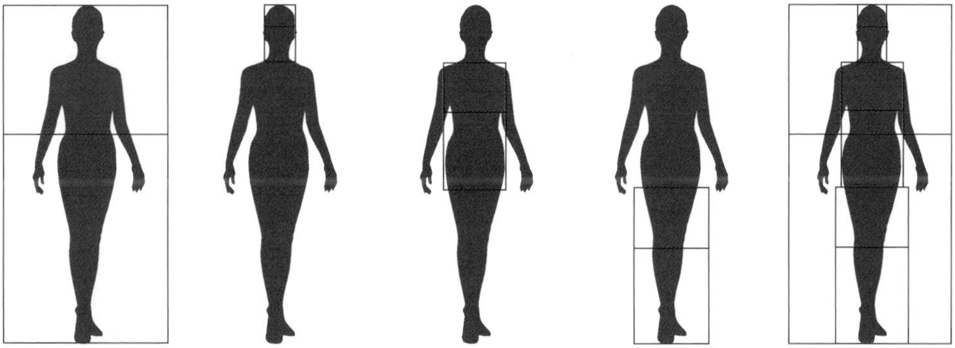

裡面帶紅，便可以全身穿黑色服裝，因為本身是來自健康黑，是陽光性，是正面的；如果膚色黑是因生病，再穿全身黑，就會把你殺死。天下沒有壞的顏色，只是組合問題，所謂一白遮三醜，但生病蒼白也不好。

偏黃膚色的人，可以藉由顏色來改變膚色，或創造不同的印象，建議偏黃膚色的人，只要顏色帶土色就要避免，例如穿咖啡色衣服，若沒化妝，沒別的顏色調色，會讓膚色更黃，看起來無光，而芥墨綠，也有帶黃、帶土色，同樣讓你看起來面有菜色，假如你本來是偏黃膚色，若再加個帶黃顏色，便會讓膚色更加強突顯。天生白膚色的人，也可以靠仿曬人工儀器讓膚色變深。膚色是白裡透紅的人，可以拿一些粉色的顏色做比較，因為這些顏色會讓膚色更白。

六種個性的下意識反射

在前面不同單元裡面，從能、量、形狀、顏色等等，你已經可以發現自己的個性。個性在服裝裡到底占有多少分量？其實個性是下意識的反射，你喜歡哪一類線條或顏色，也是來自你的個性所喜歡的，認識了以後，還要考慮到跟你的工作職場、生活方式等有很多的關連，個性會因為你的生活而做適當的調整。重點是，不論是因為職場變換、身材變化、年齡增長、生活磨練等原因，你要知道什麼時候與衣櫥做適度的調整，何時該與衣服離婚。一般個性大略可分幾種：

第一種，急躁個性：未做調整前，建議少用容易激發急躁顏色的服裝，例如紅色，容易把紅色的負面個性呈現。

第二種，溫柔個性：未做調適前，建議少用粉色、溫柔顏色，除非你的能力已被證實了。

第三種，穩定、一成不變個性：在個性還沒有很鮮明，風格未形成時，盡量避免基本色，因為你需要別的顏色的量，來增加你的能。

第四種，果斷個性：少用冷的、嚴肅的、權力的顏色，例如、藍。除非你的果斷能力被證明，或你在一個需要果斷的位置上才適用權力顏色。

第五種，慢半拍、永遠慢吞吞、△#&☆§個性：千萬不能用混濁的、不是純正的顏色，例如帶灰、帶黃等所有顏色調了點灰的顏色。

第六種，拖泥帶水、後知後覺、永遠都是挨罵、萬人嫌、△#&☆§個性：建議回到正色，而且是亮的顏色來幫你做起點，例如紅、藍、黃、綠等元氣色。

第一印象的重要

每個人，每次做的事情都有「第一次」，而這個「第一次」只有一次，唯一的機會。不管跟某人認識多久，「第一次」只有唯一的一次，那一次是永遠無法改變的，即便後來如何的改觀，對方還是會永遠記得那個「第一次」，所以第一印象非常重要。既然如此重要，我們更應隨時隨地注意外表給人的第一印象。

我們常會說這個人的印象如何，先

不管是從一個人，或多數人累積出來的印象，都是別人對你的一種投射。它是經過時間累積的，這裡面包括很多的「第一」，譬如：第一次做什麼事，第一次說什麼話，或因為有了對你的「第一」，而產生好的分數，所以「第一」是非常重要的。這時如果你沒有好好把握住「第一」的話，有可能錯過很多你應該得到的第一次機會，或別人對你本來是加分的東西，而你可能把它減了分，甚至連門都被關起來了。

或許有人會質疑第一印象有那麼重要嗎？我舉一個求職的例子來說明。面試時，你走進來的那一剎那，那一秒鐘，第一個映入眼簾的第一印象，其實已經佔了面試總成績的百分之五十，面試者幾乎可以決定是否錄用你了，剩下的百分之五十才決定於之後的面對面交談。在很多求職案例中，被面試者所寫的履歷表只有不到一半的影響力，因為只要是很有經驗的主管，都明白履歷表有一半以上並不是那麼貼切，專長只是程度上的認知而已，所以第一印象是非常重要的。

那麼，如何讓每一次的「第一」都偏往好的方向呢？我們不可能永遠保持在所謂的最佳狀態，但別忘了，我們還有一顆最誠懇的心，不管你的外表打扮得有多邋遢，或是精神狀態處於不佳的時候，一個「笑容」是非常重要的。笑容之外，還有所謂的「目光」。不妨練習一下，在與他人說話的時候，要鎖住對方的眼睛，鎖住，表示所說的話是來自於內心，是很有誠意的。常聽人說一個人在說謊時眼光閃爍不定，形容得真是非常貼切。一個人說話說得很虛的時候，其實是不敢直視對方的。不論其他的裝備是什麼，「笑容」跟「目光」這兩個元素，可以確保把第一印象往好的方向走，至少「第一」是不會不及格的，其他的元素如適當的衣著就是讓自己的第一印象分數往上加了。

ADVICE 10

如何脫下一件衣服的注意事項

1 不得體的服裝必須脫下，譬如暴露的衣服。

2 不得時的服裝必須脫下，譬如不流行的衣服。舉個例子，厚厚墊肩的衣服已不流行，若你還每天穿它，在別人眼裡會覺得很奇怪。抓住流行並不是一定要盲目的追求流行，而是你對周遭的人或事有沒有足夠的關心，世界在改變的同時你是否參與了？事實上，關心流行是另一種關心自己及別人的方法。我們常說流行是一個最快及最容易變化的事，而且是每個人可以很輕鬆、很不費力地去接觸，若連流行都漠不關心，那麼你對平常事物是否也會過於堅持一些陳舊的觀念？

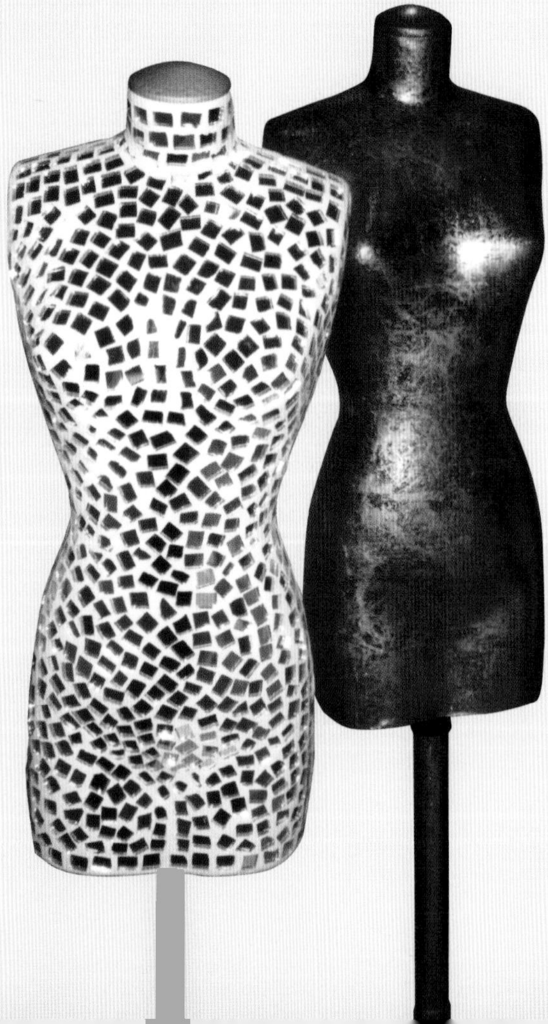

3

不得宜的服裝必須脫下，譬如在宴會穿喪服。

4

不合身的服裝必須脫下。

5

無能量的服裝必須脫下。

6

太舊的服裝必須脫下，譬如太沒形狀、破得很不像樣，而且這個破不是正面，而是負面的能量。

7

顏色不適合自己的服裝必須脫下。舉個例子，皮膚偏黃的人，因為流行而跟著去買不符合自己膚色的衣服，結果每次穿出門，周遭的人都會說：「你怎麼啦？」那麼就算這件衣服是全新的也必須脫下。

8

款式不適合自己的服裝必須脫下，有些款式真的會讓人看起來矮一點或胖一點。相信每個人的衣櫥裡，一定有衣服是每次穿都會得到稱讚的，但有的衣服永遠沒反應，其實這就是在告訴你必須脫下，這是一個不錯的自我檢驗。

9

反應不好的服裝必須脫下，譬如每次穿這件衣服，內心都覺得怪怪的，詢問家人或朋友的意見時，別人的回答也都很遲疑時，就要捨得脫下。

10

記憶不對的服裝必須脫下，譬如有悲傷記憶的衣服。

怎樣從一張「白紙」開始穿衣

穿著視自己的環境、身體健康而言，把握的重點是「舒適」
讓你的活動力強，保持良好的血液循環

早上起床的想像

任何事都有起點，如果我們把每一天早上起床當作是個開始，甚至隨時隨地都可以當作是任何的起點。要回到起點必須想辦法讓自己是像白色一樣，重新開始，而重新開始的程度，視每個人的功力是在哪個階段，好比畫家畫畫，買來的油布像白色但也是要做準備，而準備過程不是一次，每一天經過不同事情或經驗累積白的這個基礎是會隨時改變的。如果你開始架構衣櫥，看起來像是很好的白，但是不做調整的時候，這個白是會變黃，或剝落、退色、有污點，因此，隨時隨地要調整到一個健康的白，心態建設很重要。絕不是做過一次調整或建設，就不用隨時做整修、保養，絕對會褪色，不再是白了。

在梳洗全身、認識身體後，衣服如何從「白」開始？第一步是，清楚自己今天要做什麼。所謂知己知彼，百戰百勝，就算是固定的工作，還是會因為職場上要見不同的人或去不同的場合，而在規律的衣服裡有一些變動，要注意得體得時得宜，所以你要清楚掌握一天行程，因為會決定到你選的衣服，甚至是鞋子。等衣服確定後，在選擇裝備時，建議你先思考今天想用哪一個當主角，這一天的行程好比是一部戲，也許主角是耳環、毛衣或者是鞋子。

主角開始了以後，如果是要主角獨大，完全不要有配角，那麼要想辦法烘托主角，其他的降至最低，建議你選一個不需要搭配的衣物，例如一件洋裝，或者選同色系的衣物，避免不必要的干擾，如果你用不同質材搭配或多種顏色時，它們很可能是大配角、小配角等分別出來。如果是一個主角，三個很強的配角，這些配角會是什麼？會是皮包、飾品、手錶或衣物，要先認清，再選你的配角。例如鞋子是主角，鞋子上有花，四個顏色，如果你想要用所有的配件都可以做配角，那麼錶帶可以是花的，跟鞋子上的花相呼應，或者手錶的指針是鞋帶的顏色，或者是鞋子上有卯釘，選的皮包就有卯釘，必須顏色或某元素跟主角呼應，即使完全不同的主角跟配角搭配一起，只要運用顏色或圖案，甚至質材就可做為呼應的基礎，剩下其他的要盡量減至最少的變化。

從自己的生活方式來判斷每天的衣著打扮

不同的職場都會有一些不成文的規定，或行業裡會給人印象，從自由業來判斷，包括文字工作者、廣告公司創意，這兩個就很不一樣。創意的人，本身想法很活，穿衣服自然比較活潑，活用許多用法，例如衣服上面

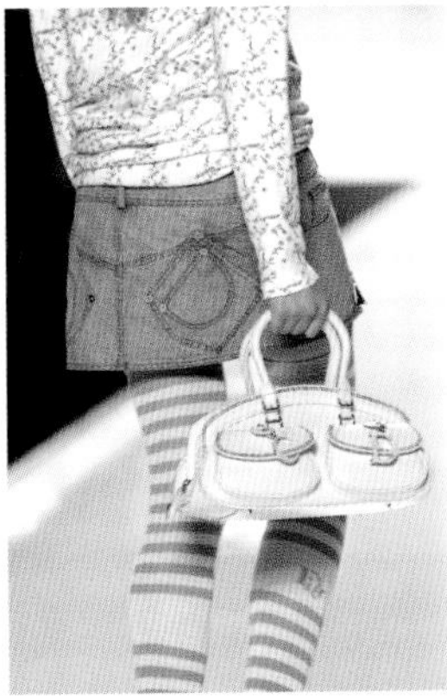

如果是一個主角，三個很強的配角，這些配角會是什麼？
會是皮包、飾品、手錶或衣物，要先認清，再選你的配角。（CHRISTIAN DIOR）

有奇怪形狀，或世俗裡很不協調的搭配，很可能會自成他的風格，在這種環境工作的人，其實要看主事者是哪一類的創意工作，大部分在這一類行業的人，很怕一成不變，避免給人沒創意的印象，不過有時看到一些藝術工作者的衣服是一成不變，但他的一成不變是很有品味的、風格的，那是因為他已經找到他的風格，來自很多成績、自信、演練以後所形成的，所以他可以負擔得起一成不變，他最終決定的風格，已經可以得到很多信任與專業形象的建立，同樣在這種人身上，可以看到成功或受到許多人欣賞的創意，已經是被肯定，這個一成不變跟不懂得的一成不變是截然不同的。

從金融業來判斷，是比較嚴肅的行業，不論顏色、圖案的選擇，都傾向素色、規律圖案，不管是格子、點狀或條紋，都深受金融業喜愛跟接受，因為規律圖案給人一種有紀律的感覺，而在嚴肅的行業裡必須要有紀律的做事方式，或者是有紀律的互動。

格子分細、粗、小、大，雖然都規律卻給人很不一樣的感覺，細條紋可以嚴肅到穿在總統身上，一直到金融業身上；粗條紋可能是監獄衣服，因為本身沒有紀律，所以要重新教育有規律；細格子可以代表有如會計師或工程師的尺寸拿捏，變成一種方程式；大格子可能是你野餐的桌布，是很輕鬆、很活潑。點狀分細圓點、大圓點，細圓點可以是正式，但大圓點卻可能是小丑身上才會看到的尺寸，因此，愈小、愈細的規律圖案，是愈精準的，在愈嚴肅的場合或行業裡要愈精準，愈大的規律圖案，象徵了輕鬆的心情，甚至是重新開始往精準方向的一種訓練形式或符號。

從教育業來判斷，一般從事教育的人，所用的衣物或顏色都具親和力、包容力，以及比較討好的，例如幼稚園老師身上有小花或裙子長一點，他們的衣服線條永遠不緊繃，而是線條柔和及柔和的顏色。又如大學的教授不是成套的西裝，而是用很傳統的粗呢上裝，可能搭配毛衣、POLO衫、燈籠褲或卡其褲，運用不同的質材或顏色的混合。顏色混合，大部分人會傾向自然色，但也要依個人喜好、環境或背景影響而定，有些人是偏正色，但有很多時候是用混濁色。

從文化業來判斷，例如文字工作者、出版業、記者，他們跟做電影、藝術家的創意又有雷同之處。文化業

點狀分細圓點、大圓點，細圓點可以是正式，愈小、愈細的規律圖案，是愈精準。（SCHERRER）

比較傾向於用不是太具流行語彙的衣物，而是衣櫥裡的積優股，是經過長時間很多人共同的印證，有哪些的衣物是經得起時間考驗。這種高智商、追求知識的工作者，他們對品味的選擇，比較不需要太花俏，最多是塊狀顏色，質材及樣式傾向自然、簡單。

從業務員來判斷，服裝上要考慮他們的交通工具，在台灣多數是騎摩托車，又一年四季裡面熱的季節很長，而業務員活動時間很多，很有可能因為到處奔波，看起來很疲倦、狼狽，更要注意如何在不利於維持外表的工作環境條件之下，讓人看起來不討厭，因此，選擇的衣物要很理性、很實際，像通風、不易皺、排汗的衣物，選擇明快、亮眼顏色，但不可太刺眼，尤其是螢光色系，避免混濁顏色，圖案不可太大膽，少用密不通風質材，不妨投資一雙好的鞋子。建議業務員，可利用洗手間的時候，有機會再面對自己梳洗一下，讓自己看起來更討好。

從電腦族來判斷，在一個恆溫的環境裡，定點不動的時間比別的上班族要來得太多，甚至在家裡做事情，導致他們很容易穿太過於舒服衣物，或不注意而流於邋遢。因為他們不太需要見人，所以很有機會在衣著上、坐姿上放鬆，長久下來會影響脊椎、骨骼，飲食方面可能變得不定時、速食或暴飲暴食，甚至久了思考模式都會改變。這時如果能夠藉由衣物給自己約束跟紀律，養成定時定律的生活，是非常重要的，我反而建議電腦族要穿得非常工整，甚至是挺直、合身的剪裁，合身並不一定是西裝，可以是運動、伸縮、結構性料子，同樣可提醒自己保持身材。

在生活型態改變的同時，不要忘記我們必須常常提醒自己，穿著絕對會影響體格跟健康的發展，或許在不同行業裡有不同的不成文規範，導致每一種行業有所謂的既成印象，但印象也是來自所有參與那個行業的人，每天對穿著上的一些要求，而自然累積出來的方程式，是有跡可循的，並不是大家任意決定的。

穿著要把握的重點是「舒適」，讓你的活動力強，保持良好的血液循環，不外乎透氣、通風、排汗，這是沒有年齡之分的。（MERCIER）

身體跟衣物的空間

從嬰兒到老年，只要不透氣或太緊的衣物，都會防礙身心健康，所以女人會從束縛解放，或者是醫生警告長時間穿高跟鞋對脊椎有害，或層次穿著符合現代人的生活方式，都是在避免讓外在服裝影響身體健康。

現代人常處於恆溫的室內環境，要學習自己的生活跟工作所要求的穿著態度，因此，穿著不見得有二十歲至七十歲之分，要視自己的環境、身體健康而言。把握的重點是「舒適」，讓你的活動力強，有良好的血液循環，不外乎透氣、通風、排汗，這是沒有年齡之分的。如青春期穿AB褲或緊身褲，因為不透氣，陰部容易有細菌屯積，腿部內側長疹子。只要是「勒」到任何部位，不論是胸部、腰部、手臂，讓血液不順暢，身體就會出問題，尤其女性裝扮上因為流行，會有不同設計出現，像塑腰、調整型內衣，多是彈性質材，試著用手拉開也可能會拉到筋，怎麼可以往身上放呢？適度的合身才是維持身材的好標準，身體跟衣物的空間要恰到好處，空間減少是每個人都能感覺到，衣物是很好的提醒，提醒你身體脫軌、不正常了，要有自覺，同時衣物也扮演了醫生的助理或健康的把關者。

所謂「合身」是指質材沒有彈性，但剪裁得宜，穿時身體跟衣物沒有距離，但可能有一寸或半寸甚至四分之一的空間，某部分衣物是會脫離身體的。「緊身」是指質材沒有接縫，甚至於沒有腰線、胸線，但可以跟著身體線條而產生，穿時衣物直接貼在身體肌膚線條上，例如萊卡伸縮質材。「勒身」是指質材用手很難拉開，例如把小胸部勒成大胸部的調整型內衣、馬甲、男人長期繫皮帶而形成的脾酒肚，只要是可以移動、改變身體線條，就是勒。衣物要穿上身才有感覺，所以高級訂制服有生存的空間，就因為身材曲線獨特，所以依身材量身訂作。我們常說衣物是要美化我們，所以訂制服可以讓你看起來瘦一點、高一點，要付出的代價是，衣物可以帶來心靈感覺，如果衣物是很合自己身材，長久以後，它是可以影響體格發展與健康的維護，而且因為衣物經常在提醒你，比起那些完全不花心思的人，更容易發現身體的問題。所以，你所付出的不只有這件衣物，而是一條長遠的路。所謂好的穿著、好的品質、好的品味，其實你一旦瞭解「脫衣術」的基礎概念，並相信這種理論，就知道其間的分別在哪裡。

遊戲的心理準備

每個人與生俱來就有藝術家的可能性，只是我們有沒有讓它發展而已，不妨回憶小時候，從生下來，每一個人都在爸爸媽媽衣櫥裡玩過，衣櫥是每個人創造天分的地方，誰沒有把小腳放在大鞋子裡過？誰沒有被大人裝扮，然後引起全部的人哄堂大笑呢？誰沒有拿媽媽化妝品往臉上擦？這些都證明了每個人都有穿著遊戲的本能。穿著打扮本來就是個遊戲，遊戲是一個可以讓自己開心的活動，進一步來說，就是人想創造的一種本能，只是我們有沒有讓它發展而已，依每個人的生活、背景或環境，有些人很早就被厄殺了，有些人是跟個性、興趣有關。穿著是每個人與生俱來的本能，既然我們長大了，才發現穿著是每一天每一個人都要做的事情，它是必做的事，就像吃，吃得好一點，吃得健康一點，吃得愉快一點，你的身體自然好，心情自然好，穿也是如此，為何不用這種心情看它呢？

既然與生俱來就知道這個遊戲，這就是會讓自己高興及愉悅大家的時候，何不用遊戲的心情來對待？當你有了遊戲心情後，會發現從中可以自然發展風格，為什麼我的衣櫥裡永遠會有白襯衫？為什麼我永遠在買白襯衫？某些衣物在你衣櫥裡一再重覆，其實那就是你的風格，如何在風格裡求精進，如何整理好系統，琢磨出美的檔案？如果有些衣物是與生俱來滿好的風格，那你如何判斷自己的風格是自然拙樸的好？還是需要琢磨？答案可以是來自你周圍的人。如果你常聽到稱讚，那你差不多在對的路上。

如果你老是被嫌，那你還需要很大努力，空間也很大。其實這種在極端的人比較有趣，在中間的人卻比較慘，沒有人會批評或稱讚他，因為他沒什麼太不好或有什麼好，這時候大部分人不會去浪費力氣。慘的是，很

穿著打扮本來就是個遊戲，遊戲是一個可以讓自己開心的活動，
進一步來說，就是人想創造的一種本能。（VIVIEN WESTWOOD）

多人會不知不覺過一生，或是忽然哪一天是後知後覺，那還比較有希望。

因此，前面強調的每天從「白」開始。「白」是指把所有東西先丟掉，然後從沒有開始，主題很重要。從身上小小面積來說，主題可以小到一副眼鏡，大到衣服，不外乎上身、下身、外套、配件、款式或顏色，有無限可能性，若真的不知從何開始，可從「顏色」開始，假如今天某個顏色是我的主角，這個顏色可以是從頭到腳都是這個顏色，這對顏色不是很敏感的人是很安全的，安全裡面試著慢慢學習，不妨用漸層方式，也就是同色系裡面用漸層，也比較不容易出錯。等到熟練以後，可用混合或對比顏色，對比色是個很好穿著色，風格比較強烈，如黑白配就很搶眼。或許你覺得生活忙碌、無暇打點自己，但若能找到讓自己舒服、有個性的風格，就是吸引人的方式。

穿得少最美

從出道以來，始終是引起話題人物的薇薇安威斯伍德（VIVIENNE WESTWOOD），便認為女人本來就應該很有曲線，所以不要害怕用性感來表現美。而這一百年來，服裝隨著社會結構及審美標準的不同，不難發現，女性魅力似乎有了改變，唯一沒有改變的，則是穿著裡非常重要的元素──性吸引力。

過去，人們認為穿衣服的目的是因為對性羞怯，但許多服裝心理研究家相信，最初故意遮蓋身體某些部位，其實是為了吸引異性，就像亞當與夏娃在發現自己全裸時，用葉片遮住重要器官部位的動機，一樣耐人尋味。如此一來，衣服成了一種誘惑，因此，半遮半掩的衣服，就像一盒半開的禮物一樣，引人遐想、尤其性感，反而更能吸引眾人目光。

適當裸露美上加美，尤其在男人眼裡是最具吸引力的穿著，太多的裸露其實並不討好，反而會產生令人窒息的感覺。所以，裸露如未掌握好，反而比穿上衣服還無趣。

在穿著上最容易犯的錯

在上班場合，絕對不要犯的錯，譬如：無後跟高跟鞋、露趾、過短裙子、不適當的裸露、太多閃亮飾物、太垂墜式耳環、太大飾品，太亮或太大的飾物並非不好，必須跟整體搭配才行。在正式求職的場合，絕對不要犯的錯，譬如：不要刻意穿名牌，很容易讓人有種不需要這份工作的錯覺，而且會讓面試者產生很大的一種物質上的敵對跟排斥，這是不必要的。在宴會場合，絕對不要犯的錯是不要把辦公室的裝扮帶到宴會上，嚴肅的裝扮只在嚴肅的場合才是對的，太嚴肅或公式化的打扮，反而在宴會場合會讓你黯然失色。而宴會都是在晚上，尤其是女人經過一天的活動，能量已經用得差不多，如何讓臉龐再亮起來，而不是給人一臉倦容？記住「閃亮」會讓女人的臉龐馬上亮起來，可藉由衣服的光澤、顏色或配件做適度調整。至於約會場合，有陌生的約會、心情愉悅的約會或習以為常的約會，絕對不要犯的錯視不同的約會而異，唯一不能鬆懈的是，不要呈現不好的一面，因為沒有任何人要承受視覺上的暴力，盡量維持好的一面，尤其是對家人、伴侶或親密的朋友，大部分人都忽略了，反而把最好的給陌生人。居家服裝以舒服為主，舒服的標準視個人而異，其中天然的材質令多數人感覺舒服，像很多人在家穿棉質衣服，絲質也是不錯的選擇，顏色的挑選也很重要。如果能從居家開始就做好自律，相信你的衣櫥也不會錯得太離譜！

正負面能量轉換的要訣，先要學會每一個衣物給你的能量，先去記憶它給你什麼樣的感覺。（JANE PAUL GAUTIER）

正負面能量轉換

我們常說服裝沒有所謂對或錯，若把服裝拆開來看，每件衣物本身並沒有錯，只是組合的時間點，跟它和什麼衣物組合的問題罷了，很可能本來是正的變負，或負的可以變正，因此，正負面能量轉換很重要。

當你看完本書，稍微對穿衣有興趣且願意發展它時，就可以很容易掌握正負面能量轉換，隨時將正面能量變成更正的能量，累積相加出來的分數更高，或是將負面能量轉換成正的。

正負面能量轉換的要訣，是先要學會每一個衣物給你的能量，先去記憶它給你什麼樣的感覺，在前面章節已教大家如何記憶跟分辨，不論在何時都要認清它的能量是正或負，不要讓負的記憶一直停留在負的，記住任何衣物都有正負兩面，它在這個時候是負，等換到另一場合時，可能可以變正，譬如參加喪禮時，穿五顏六色或非常大的花樣衣服，這件衣服本來給你的是正面能量，但在這時就變成負面能量。又如在一個非常歡樂的場合，穿嚴肅的衣服或顏色，那麼它就會減少歡樂的能量，那套嚴肅的衣服在專業職場裡絕對是權威代表，但到了歡樂場合，因為不適合所以變成負面的能量。重點是，你要隨時做各種不同的調整，學習在何時是正能量，在何時可能會變負能量，正負面能量轉換是最根本及基本的一種穿衣訓練，這種訓練是永遠玩不完的遊戲。

小兵立大功的 LITTLE BIG BLACK DRESS

歷經不同時代及設計師們一再強調，黑色洋裝（LITTLE BLACK DRESS）已被印證是一個女人衣櫥裡絕對不可缺少的行頭。黑色洋裝是女人衣櫥裡很好的基礎，因為一件LITTLE BLACK DRESS可以發揮的功能可大可小，小至可以輕鬆的穿它逛街，大至可以搭配不同飾品或配件，再改變一下你的鞋子或髮型，就可以帶你進入正式場合，它就像是小兵立大功似的，具有不可思議的潛在能量。如果你選對了款式，它會有幫身材加分的功能，若是你可以保持自己身材不做太大的變形，它在你衣櫥裡的壽命將會非常長的，是一個很划算有價值的投資。在這些黑色洋裝中，有許多基本款式已被證明是經得起時間考驗、歷久而不被淘汰的，因此，我認為LITTLE BLACK DRESS其實更適合稱為「LITTLE / BIG BLACK DRESS」，才能顯彰其重要性。

以往人們常用衣服來遮掩不喜歡的部位，但我覺得現在的女性應該要打破傳統的框框，為何要遮遮掩掩呢？遮掩永遠是非常費力，而且甚至出現不討好的反效果，為何不「凸顯」自己的長處呢？別忘了每個人都是獨一而二的，在自己的身上一定會找到優點，沒有所謂哪些款式一定不適合某種身材的人，每個人都可以穿任何服裝，只是組合方式不同而已，重要的是用「凸顯」的方式取代以往遮掩的方式。以下所提供的一百件黑洋裝，

100 LITTLE BIG BLACK DRESS

以往人們常用衣服來遮掩不喜歡的身體部位
但我覺得現在的女性應該要打破傳統，不要遮掩而要「凸顯」自己的長處

可以當作你選擇服裝時的參考，這一百件的原則便是以「凸顯」的方式作引導，涵蓋很多不同的形狀跟線條，幫助你在認清自己的體形後，可以運用不同的衣服形狀來塑造出漂亮的身材比例。另外我要說明的是，雖然這一百件並不是絕對的，因為流行是會改變的，不同時期又會有新的款式出現，但在現階段裡，它們絕對是值得推薦的優值款式。透過這一百件黑洋裝，將可提供你不同的方向與靈感來源，讓你找到討好自己身材的服裝。

如何穿出自我的美感，展現出獨特的優點？其實女人美的線條，除了臉部以外，從肩線、胸線、手臂、腰線、臀線，一直到大腿、小腿、腳踝的線條，它都有美的地方，所以我們如何選擇衣服的款式、長短、鬆緊、弧度及線條等，來凸顯我們想要表現的優點，這才是重要的，也是比較容易討好的。優點被凸顯、強化時，自然會減低不完美的部位被注意的焦點，取代以往為了要隱藏或掩飾的拙劣手法，不妨放開胸心來凸顯自己的優點，讓穿衣服回歸到真正快樂跟功能兼具的健康心態上，這才是真正正面的能量。身而為人，不論是以哪一種心情都要穿衣，試問你要笑著穿衣還是哭著穿衣呢？希望藉由本書能讓你重新建立穿衣觀念。

如何凸顯優點、轉移缺點？譬如選擇穿著凸顯腰線服裝的人，並不一定是細腰的人，越是沒有腰身的人，像腰粗、腰長、腰有贅肉或肚子大，更要在穿著上把注意力放在腰部，強調出腰部線條，已達到修飾腰身功能。即使你腰粗，也可以表現出優點，像是選擇凸顯胸部的服裝，利用穿著或正確的內衣讓胸部看起來更豐滿，胸部凸出，相對的其他部位便非視覺焦點而被忽略，自然轉移眾人注意你腰部的目光。又如選擇穿凸顯胸線服裝的人，多半是想要表現胸部線條，不論你是胸小、胸大、胸適中或胸下垂，現在有各種不同功能的內衣可以幫助你達到效果，或者也可以選擇衣服的線條，來表現出你想要的胸部線條，例如選擇平領線條的衣服，胸部

KARL LAGERFELD 的故事

服裝設計師卡爾拉格菲（KARL LAGERFELD）從九十公斤瘦到五十公斤，記得他曾經跟我說：「有一天早上，我忽然對著鏡子裡面的那個人說，『我不想在跟你住在一起，不想再看到你了』。」他是用一個很理性、很有建設性的心態，去找專業醫生輔導他，很有毅力的在一年內瘦下四十公斤，並維持到現在。他是徹底的打破過去，連居住環境都改善，現在住得很簡單。就穿著來看，我們常說東方人是用精神穿衣服，西方人是用身體穿衣服，以前卡爾拉格菲的穿著是一成不變，都穿山本耀司（YOHJI YAMAMOTO），比較可以包裝他身體的衣服，現在則選擇合身衣服，也是同樣一成不變，而且永遠以對比色為主，如黑跟白，最多是黑跟灰，頂多只有些小變化。他的一成不變，是因為他知道自己的風格，對他來說，現在穿衣服是好玩的，很有感覺，變成生活的樂趣。

看起來比較小，若選擇V領線條的衣服，小胸部也可以看起來變得豐滿。如果你是手臂粗、腰粗、臀部大的人，但有一雙美腿，這時便可以把重點放在腿部，選擇裸露腿部的服裝，你會驚訝的發現這件黑色洋裝的效果。腰粗、手臂粗、胸小或腿粗等等，它們會是個優點或缺點攸關其他的組合，不論你要強調上圍、腰圍或下圍，重點在選擇服裝時，要懂得運用轉移焦點的方式。

一直以來，我非常排斥用掩飾的穿衣方式，而比較喜歡用凸顯的方式，換個方式你會忽然發現另一種不同的

身體跟衣物的感覺。舉個例子，我有一個朋友，自從比較注意飲食後，肚子及腰圍小了很多，她發現以前不管穿什麼衣服都不好看，但現在穿比較貼身的衣服也變得很好看。其實衣服本身沒有錯，她本身也沒有不對，只是現在衣服的合身凸顯了她的腰身，因為她本身有變化，加上她穿上那件合身的衣服讓她感覺到正面能量，而且是提高很多的能量，因此穿上它就為自己大大的加分了，此外那件衣服因為注入了穿者本身的「能」，以前記憶中負面的能被刪除了，無形中衣服的能便被開啟且被強化了。這是非

常微妙的一種人跟物之間的關係，它們絕對是互相影響的，如果正面或負面能量被擴大時，都會是倍數的擴大，所以我們切記要不斷的用正面能量來作調整。看似一個普通的事情，卻在在證明能量穿著的微妙心態。

再舉個例子。有一天我穿了一件咖啡色的絲質洋裝，嚴格來說全身咖啡色會是比較暗沉及老氣的穿法，但這件洋裝下半身是咖啡色透明的雪紡紗，上半身裡面則是襯了白色的裡子，這樣會讓有裡子和沒有裡子的銜接處特別凸顯，這時鞋子的選擇就很重要，於是我一隻腳試穿高跟鞋，另一隻腳試穿過膝長筒馬靴。看著鏡子，我發現穿高跟鞋的那隻腳，讓我覺得自己多了十歲，穿馬靴的那隻腳，不但顯得腳步輕快許多，心情上也年輕了十歲，由於穿著必須注重整體性，這雙馬靴在整體上來說不但具有隆重感而且也帶有輕快感，這種可以適度放輕鬆的「量」，別人看我會比較舒服，自己也覺得很舒服。當你啟動了「能」之後，如果要用不同的元素把「量」加起來時，不妨用比較或嘗試的心理，很快就可以判斷出是否為正面的「量」，因為直覺會告訴你今天需要的「量」是多少。

任何設計師永遠對黑都會運用得淋漓盡致，
何不將這樣的元素運用在衣櫥裡。（CHANEL）

記住每個人都是獨一而二的，學習認識自己的身體後，再妥善運用服裝的「能」跟「量」，你會發現並沒有什麼是不能穿的，只有用得對不對而已，即使是懷孕的時候，也可以穿合身的服裝，因為只要把其他部位表現出來，一樣可以變得美麗，所謂「脫衣術」的重點就在沒有不能穿的服裝，只是你要掌握什麼時候穿、什麼時候不能穿。

我不認為有所謂的絕對不可以，請你打破以往不可以的想法，或許你會碰到一些衣服是你以前不敢穿的，但衣服本身的「量」在那裡，只要你願意用遊戲心情去嘗試，你啟動了這個正面的「能」，你才有機會發現衣服呈現出正面的「量」，自然而然加出來的「量」就會是正面的。只要你存有一絲不敢嘗試的心態，那麼沒有一件衣服會是你可以穿的，如果你具有

「能」的心態時，則沒有一件衣服是你不能穿的。所謂能量穿著，就是把自己想成獨一無二，沒有好跟壞之分，沒有所謂的標準美或制式的美，只有願意的思維跟態度，用遊戲心情看待服裝，多方嘗試，自然擁有服裝的能與量，然後正確的啟動並持續建立自己的能與量，你就擁有自我風格。

至於為何選擇黑色？就身材而言，黑是最可以讓你看出不同比例形狀的顏色。黑的包容性最大，任何設計師永遠對黑都會運用得淋漓盡致，我們何不將這樣的元素運用在自己的衣櫥裡，多多少少可以勾勒出最好的身材線條！黑可以讓你隱藏在後面，可以凸顯你的權力，也可以是最悲傷、最性感、最權力的顏色，甚至是「無」到「無限大」的能量。在「能」未啟動時，黑的能量是無，但「能」一旦啟動而且是對的時候，黑的能量就是無限大，它可以當作最小的元素，也可以幫助你到任何大場合。因為黑是無色彩，所以也可以把它當成七彩的顏色，依個人喜好選擇任何顏色，它可以是紅色、橙色、黃色、綠色、藍色或紫色，你認為是什麼顏色就可以是自己的顏色，我所舉例的一百件洋裝，你可以把它想像成各種你喜歡的色彩。

所謂穿脫衣服，是你選擇衣服、你穿衣服，而不是衣服選擇你、衣服穿你。（CHANEL）

「能」是一個意識、潛力或行為，重點是你要不要去做，「量」是所有放在身上的衣物，有時甚至是無形的，不要忽略了保養品、身體乳液、香水等氛圍，用感官來啟動能量是非常重要的。也不要忽略了透過視覺看到、嗅覺聞到或肌膚的觸覺，這些都是屬於隱形的能量啟動，這時材質好便很重要，即使是款式好，它的量的高低便有所分別。

只要態度正確，穿上任何服裝就理所當然，所謂穿脫衣服，是你選擇衣服、你穿衣服，而不是衣服選擇你、衣服穿你。或許你的身材並不完美，但如果你的神韻愉悅，也會讓人覺得很舒適，能量分數自然提高許多，具備「舒適」跟「理所當然的能」，你就是眾人的焦點！

PUT ENERGY TO YOUR CLOSET

投資脫衣術

投資脫衣術有三個階段，想得精準、捨得精準及買得精準
在實行之前，有一個很重要的基本哲學，就是改變

流行是一種提醒

湯姆福特（TOM FORD）曾說，對現代人而言，時尚已不再是服裝本身，而是一種態度，那才是主要的精神。在資訊發達的時代裡，就穿衣而言，大部分的人很容易受流行影響，所謂流行資訊是一個很好的提示，也許它會提醒你這個顏色為什麼流行，而自己以前不敢嘗試，這時你會想不妨來試試看。但我們不要忘記整個時尚是個工業，包括紡紗、織布、印花、染色、做鈕子、做拉鍊、做花邊、賣裁縫機等等，一般消費者只看到時尚工業的百分之二十，也就是設計師是誰，然後在賣場裡面找到，其實你要知道有這麼多不同時尚工業的人放在一起，這件衣服才可以放在你的衣櫥裡。

流行牽扯的範圍很大的時候，它還創造了另外一個行業，就是所謂的刊物、媒體，它們整合每個設計師每一季發表的創意，透過服裝設計專家或顧問比一般人快六個月的吸收，要在這六個月不斷的放送各種訊息讓大家認識。在裡面有所謂紅的品牌，必須設計師設計出來的衣物要得到很多人共同的欣賞，加上大量資金炒作或媒

愈多人反應同樣一件事情就是流行，它的壽命週期長短視衣物本身的淘汰速度快慢
流行須經得起考驗，不只時間還要經得起人的考驗。（ALEXANDER McQUEEN）

體的報導，讓大家認識，認識了以後，消費者開始接觸。消費者必須接觸過這些產品，才知道這個設計師的衣服能替自己生產多少的能跟量，如果穿過後，發現它對能量毫無任何啟動或加分時，下次便會去找別人了。

流行便是如此的不斷試驗，至於如何形成，可能是被炒作到某一個地步，因為有資金、廣告跟報導，很多人不斷被灌輸這是流行。流行有短流行、長流行、大流行、小流行，必須經長期累積才會變經典，有些經典是幾十年，有些很可能是三個月壽命，甚至三個月都沒有，或上架後，你會發現有些衣物到季末拍賣都還在那裡，但它還是有流行過，只是它只有被告知的流行或曝光的流行，接著進入了新鮮嚐流行，等到流行開始被實用，再進入運用流行，這時發現連地攤夜市都買得到了。

我們常說到一個陌生城市，一定要去看他們的街頭生活，所謂的夜市、市集，因為夜市有很多模仿行為，這些模仿行為又是經過篩選的。所謂的流動性、機動性攤販或在街頭生活的人，他們的嗅覺是另一種機伶跟敏感，因為他們是一個最短兵接觸的點，每天與顧客直接接觸，因此他們最瞭解顧客的需求，加上長期經營，知道哪些衣物是HIDO，夜市老闆叫賣的ㄉㄧㄡˇㄗㄡ（中獎組），從專櫃賣到地攤都有人模仿，當然地攤貨的工粗、料子差，但輪廓是對的，就是會大賣，像我就有一款大衣曾讓一個品牌ㄉㄧㄡˇㄗㄡ呢！

只要愈多人反應同樣一件事情就是流行，它的壽命週期長短要視衣物本身的淘汰速度快慢，流行必須經得起考驗，不只時間，還要經得起人的考驗。我們先嘗試以後，覺得能量啟動了，只要多運用幾次，發現這個能量適合自己，在個人衣櫥裡是中獎組，便會持續選這種款式的服裝，我們便是這個品牌的忠誠顧客，相信每個人在自己衣櫥裡，會有某些品牌特別多，或某些品牌的褲子最適合自己身

材。流行經過實際運用後，還有另一種測驗，就是引起廣泛的人反應的同時，我們可以看它有沒有壽命，流行會不會長，像約翰嘉里亞諾（JOHN GALLIANO）早期的混搭風格，視覺震撼很大。在時尚的字典裡，從最初萌芽開始一直到餘波盪漾，好的流行週期約七季，最少有三年半左右，以前有七年，因為網際網路帶給我們生活上的改變，接受的範圍跟速度比以前快很多，同樣的淘汰率也變快，所以會有這樣一個縮短期，不論流行週期是長是短，流行終究是一種提醒。

流行與品味的分野

多數人在還沒找到自己風格，或還沒認清跟肯定自己品味時，一定會繼續尋找，而在找的同時，多是從流行語彙裡尋找。比較危險的是，很多人在還沒學會用自己的能，來將自己的量納入健康衣櫥的時候，很可能會被流行牽著鼻子走，甚至走不出來。世界知名設計師山本耀司（YOHJI YAMAMOTO）認為，美是一種狀況，沒有任何事物是永遠美麗的，一朵花有時很美但不是永遠都美，美是

外表的重要

如果你認清「穿著」是一個工具的時候，就必須要給這個善於偽裝的人所謂的分數，因為他知道如何利用「外表」，這個無聲的穿著打扮來做溝通的工具，所以，這是他要加分的。如果你也學會看到，偽裝背後真正意識的時候，那麼你就不會被外表欺騙。很多時候，不論是在職場或生活上，尤其是人與人之間的交朋友，或者是異性交友，常常是在被欺騙之下，等到你走到哪一天，忽然發現，為什麼這個人的個性與你以前得來的印象不一樣，這時再探索過去，你會發現有很多時候差距是來自於服裝語言。因為人多少會受外表影響，甚至發現差異後會將就說再觀察看看。其實人的第六感，是最直接最正確的，只是我們用很多表象的東西去將就它，甚至於我們常說「OUT OF SIGHT, OUT OF MIND」意思是當我們未看到真相時，可用理智去判斷及想很多事情，但有時看到真相的時候，也許我們本來可能趨於明朗化，卻因對方如果是非常刻意，或知道面臨被你質疑的時候，加上對方非常善於「穿著」，他可能會精心的打扮自己，然後用這個方法來欺騙你。我要提醒那些想刻意醜化自己，想用穿著邋遢這個方法挑戰對方是否真心的人，經過一段時間之後，你可以想想看對方是否還能繼續對你有好的感覺？或許這是一個非常好的遊戲，不過我不鼓勵大家朝這個方向做挑戰，我也絕不鼓勵自己這麼做！

美是一種狀況，沒有任何事物是永遠美麗的，一朵花有時很美但不是永遠都美，美是不定的，人也是一樣，有時一個人可以非常美麗，但在某些狀況裡會變得很醜陋。（SIROP）

不定的，人也是一樣，有時一個人可以非常美麗，但在某些狀況裡會變得很醜陋。這時「控制」與「平衡」變得很重要。

反觀現在的經濟，經濟是時尚的基礎，而人們有太多的自由或錢，他們就會不經思索的花費，多是為消費而消費，這樣就會將人性的醜陋展現出來，以同樣的觀點看流行，也必須做適度的控制。

有些人學習能力很強，辨別能力也很強，很快可以建立個人品味，在每次尋找過程裡，很快的知道自己喜好及別人給的肯定，發現這個能量很高且一再被證實的時候，便知道這個衣物是對的，而把它放進衣櫥裡。不妨用流行週期做基準，如果你三年半仍找不到品味，也就是你永遠說不出或弄不清喜歡什麼，或從未讓人留下印象，那麼這門功課就無法順利畢業，還要繼續進修，並不是你沒有品味，而是你還沒找到，每個人都有機會找到，也都有品味，相信只要用心，你也不用留級了。

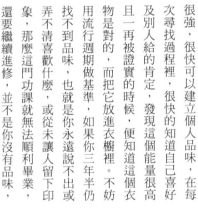

衣櫥裡一定要有五顆星的衣物

賣場是一個最大的免費穿著遊戲場所，因為試衣服不須花錢，最多也是受幾個白眼罷了，其實受白眼也是一個檢視自己的好方式，是自己態度不好嗎？或是你進去的這個店，是店員認為你根本不會買的，所以懶得理你。其實受到不友善的待遇就是某一種的失敗，一定是自己覺得OK才會穿在身上，沒有人願意醜化自己，那我的判斷是有問題嘍？我得回去站在衣櫥前審問衣物：「為什麼都沒有挺過我啊，我在你們身上花了不少錢卻得不到一句讚美，怎麼辦呢？是不是要把你們全FIRE掉呢？」糟糕！全FIRE我可會沒衣服穿，那我慢慢FIRE好了，從最糟的，每次都受白眼的那件先退休，你不妨用這種幽默的心態，決定跟衣服離婚。

如果你想要讓自己在穿衣方面更進步，應該定一個不同的方式，去免費遊戲空間試衣服就是很好的方式。在穿或嘗試衣物的時候，如果得到特別多的稱讚，不妨給它五顆星，不論來自於它的顏色或恭維你的身材，總之衣櫥裡一定會有五顆星的衣物，若沒有，那你的衣櫥是暗淡無光，就要進入前面提到的從白開始。但也有你可不可以不要這樣穿的評語，尤其是來自於最親近的人，但別忘了，你最不喜歡的，最不願聽到的，其實是最真實的建議。

進入免費穿著遊戲場所，永遠要先去試你不敢嘗試的，可以詢問店員當季賣最好的款式，通常店員會把熱門商品拿給你，就算那不是你的風格，也要試穿一下，這是認識自己身材，也是接受全新自己的好方法，若試好後還有力氣，你可以在嘗試別款式，又可發現自己的另外一面。透過不斷的嘗試，你可以在不同品牌中找到最適合自己的，每個牌子都會用衣服本身的紙版尺寸或款式，去做設計上面的一些特色，只要找到適合的，你就永遠都不用考慮設計上的特色，它一定是符合自己，如同用找另外一半的心態去找，在這麼多品牌中，你一定會找到每天伴著你身心的另一半。

投資三原則

投資脫衣術有三個階段——想得精準、捨得精準及買得精準。在實行之前，有一個很重要的基本哲學，就是改變。有些人對穿衣一成不變，試想你的不變是因為固執、自以為是，還是自認老早就演練過，已經找到自己的答案，而且到目前為止還沒有人批評。不論你在生活、人際關係、心靈或體態的修飾上，一直是正面的，那是一件好事，因為你已經熟能生巧，可是現在正面並不代表永遠是正面，任何事情都有變的可能性。

變的時候，如果你有一種開放的態度，知道做適度的調整，你很可能永遠停留在正的方向，等到你發現有負，甚至是你不想去看穿上身的衣服，不要懷疑你的感覺與直覺，很多時候你是藉由衣服躲起來，這是自己心態的問題，或者是這件衣服為什麼永遠讓你躲，你要找出原因，衣服能夠讓你躲的這個能量才會是正的，找不出原因絕不是一件好事。永遠躲在後面，你會發現這個躲會害了你，就像溺愛或盲目的需要別人稱讚，雖然表面上看起來都是好的，你有很安全的避風港，但是久了，會阻礙進步，等到要矯正回來，可能要花兩倍或三倍的時間。

檢查穿著是否出了問題——想得精準

要記住，有些衣服給你力量，也有些衣服保護你，或像個港口讓你安全退下，這都是好的感覺，但自己要想清楚，好的感覺是否會害了你，如同在前面提到，穿起來太舒服的衣服，會對自己的紀律鬆弛，這個紀律包括飲食習慣、坐姿。衣服太舒服會讓你沒有約束，對吃會放縱，姿勢不正確，慢慢的等到問題被察覺，可能已經重了二十公斤，或脖子歪了，脊椎長骨刺了，代價是很可怕的，或許這時你會說：「有這麼嚴重嗎？」的確，是這麼嚴重，絕對不能忽略。

外表改變，要建立的基礎是自己要打從心裡想改變，覺得有必要改變，這個心態若沒建立，即使別人告訴你應該要怎麼做，改變也不會持久。

衣服有能量，事實上能增加你的能、增加你的量，不論是做事效率、人際關係或在社會裡扮演的角色可有更鮮明的主張，都能給予幫助。要在內心醞釀出改變的念頭，試著在腦裡思索：透過穿著，我的角色扮演在工作職場或社會人際關係是否有問題？要想得精準，很多事情思考過後再做會比較有清楚的脈絡，這個檢查是讓你發現在穿著上是否出問題，或改變穿衣能讓你有更建設性的進步。

所謂想得準，必須回到衣櫥的根本，看衣櫥的功能上及心態上的根源來自哪裡，這種態度是正經嚴肅的。

為了讓自己想得更精準，然後捨得精準——每天記錄自己的穿著打扮。（HERMÈS）

與衣服離婚不是罪
——捨得精準

為了讓自己想得更精準，然後捨得精準，提供一個具體方法——每天記錄自己的穿著打扮，然後主動出擊。不妨鎖定你的辦公室同事或家人，主動問他們：「你覺得我今天這樣穿著打扮好不好？請誠實告訴我，若有好或不好的地方請你們也不要吝嗇告訴我。」這是很實際的主動出擊辦法。如果這些答案他們都可以告訴你，你開始要做一個有點像流水帳，也許前一個星期可以固定十個人，先告訴對方這星期都會問這句話，這種主動出擊不能玩兩天就不玩了，因此，每天有不同的穿著打扮，不然你每天穿一樣對方如何評分呢？

這個方法沒有一定的準則，穿著打扮未必要全部不一樣，如果有人告訴你有一樣衣物是好的，那麼你可以明天再試這個衣物，並跟別的衣物搭配，並不是有人說這個衣物不好你就完全摒棄，沒有不好的衣物，只是組合不對。尤其是特別不好的，假設十個人裡面有八個人認為有一個衣物不好，這時你要再給這個衣物一次機會，試著跟別的衣物搭配，千萬不要就此打住，你必須問他們不好在哪裡。不論別人跟你說衣物好或不好，你要找出它的根本，它的好或問題在哪裡，這樣自己心裡也會比較清楚。

最初你選擇的衣服，幾乎是因為你喜歡它，但同樣都喜歡的衣服，別人給予的評價卻有很大的差距，它的原因在哪裡？如果你發現有件衣服八個人認為不好，下次換個組合還是有七個人說不好，經過一次或兩次的試驗，不好的指數一直都很高，那麼你要仔細聽一下，別人給的不好原因是不是很類似？如果原因都很類似，也許這件衣服就是你要跟它捨的時候，捨得時候也必須是很精準。

每件衣服的機會是公平的，評價好，是因為它在某個組合之下比較好而已，只是比它跟其他組合搭配時略

勝一籌而已，如果給它第二次機會，你會發現它不夠，是有問號的，若有問號或在邊緣時，要多給它幾次機會，多幾個不同組合，如果仍是在所謂及格邊緣或不及格邊緣，你便知道它本質的量不是那麼特優。

主動出擊檢查下來以後，如果你發現衣櫥都是在及格邊緣或不及格邊緣，這時你需要非常努力的慢慢添購，及格邊緣的衣服可以暫時留著，不及格邊緣的衣服必須逐漸的精準捨掉。捨，必須要有資源回收的觀念，現在有很多管道讓你不會浪費原來的投資，不論是義賣、捐贈或上網拍賣，都是不錯的方法。

與衣服離婚不是罪，捨，要捨得精準，所謂精準不只是從衣櫥裡捨得精準，而是要知道捨棄的這件衣服可以再去另外一個地方，也許對你而言，它在衣櫥裡的能量只在中間，但是它到另外對的一個人的生活環境時，它的能量可能變得很高，沒有一件衣服是找不到能量來源或出口的，本書所指的精準是宏觀想法，而不是把它朝垃圾桶一丟。

一次兩次的練習之後，你對事情的精準度愈來愈能掌握，如果你能夠先有精準想法，再捨得很精準，然後是很逐漸的慢慢添購衣服，建立起來的衣櫥自然是很精準。

我們不可能捨棄所有衣服，衣櫥要全部重新建立，會是一個大工程。因為建立的第一個衣櫥，用了一段很長時間，加上因為時間或身材、工作、生活環境的轉換，衣櫥必須常常被調整，你不可能捨棄以前重新來過。衣櫥要一次重新來過，除非是你已經很清楚，或者有個專家幫你，否則會變成第二個不太智慧衣櫥的輪迴。

衣服能增加你的能、增加你的量，不論是做事效率、人際關係或在社會裡扮演的角色可有更鮮明的主張，都能給予幫助。（HERMÈS）

下一件衣服永遠會更好
——買得精準

買得精準是漸進式，是融合很多自我發掘，以及跟別人的互動，甚至是市調。市調是一個自我調查的很好方式，你會發現在這個過程之中，你可以更瞭解自己的外表給別人的印象。

有時候，你所選擇面對大家的面貌，會有所謂慣性的誤會，很多時候是來自成長階段，是因為你的家庭或父母，都是別人的意見或別人看你怎麼穿，除非你有很強的意識，或等到自己賺錢有完全的自主選擇。

父母幫你在衣櫥上的選擇，大部分人會覺得這就是我的穿著態度，或是在這個家庭裡面我們的生活就應該是這種穿著，裡面有很多尊重跟愛意，但並不是每個人從穿著上的能量都得到正面，有些來自反叛，可能會把原來是對的推翻了，或本來是不對的，因為反叛有了革新。你要在何時才知道哪些是對的、哪些是不對的，可能需要很長一段時間，千萬不要忽視長遠可以給你能量的一種累積跟啟發。

下一件衣服永遠會更好，對於這個操練，有些人也許可以很快的駕輕就熟，但有些人需要一段長時間，沒有時間標準，不要覺得別人為何很快有蛻變的外貌，而我怎麼辦？不用害怕，不妨試問，因為不想做，還是懶，還是根本沒有花時間，甚至覺得不重要？等到某一天，你會因一件小事情而發現原來外表很重要，這時只要你願意做調整，就可以脫去不好的，換上好的。

蛻變很重要，就像毛毛蟲能夠蛻變成蝴蝶，一個人一生並非只有一次蛻變，隨時都可以，只要覺得有需要，就要開始準備進入這個演練，這不也讓人生變得很有意思？

張雅琴節目上的能量

有一次我上張雅琴的節目，因為主題是有關第七十六屆奧斯卡獎，她想要穿禮服，所以也希望我打扮得像要出席頒獎的感覺，我一口答應，但心想不要穿大禮服吧。當天我穿了一件馬甲式上衣，搭一件褲子，到現場才知道是要坐著訪談，一坐下來，全場的人眼睛為之一亮，張雅琴馬上說：「我可不可以像妳一樣也來一件這個？」我很不好意思的說：「當然可以。」另一個男士來賓接著說：「馬甲真的有用！」當初選擇穿馬甲，是因為這次入圍最佳服裝設計的有《末代武士》、《怒海爭鋒》等，裡面有很多這類復古的衣服，我原本想站著還好，萬萬沒想到坐著的效果如此驚人。事實上，有了第一次的嘗試後，大家會發現你的身材優點，或許本來就不差，只是自己未發現，每個女人都可以利用服裝增加能量，達到任何效果，而且還是即刻性的效果，何樂不為呢？

精準的衣櫥會幫你去掉不夠精準的衣服

我給精準的定義是：要有心，要有思考，要認清根源，然後公正不避諱或不逃縮的面對，而且是恰到好處。人常會放縱思緒，太美化自己，或太侮蔑、貶抑自己，永遠認為自己不好，十個人跟你說你今天不錯，你仍覺得不好，這是很負面的放縱，這種放縱沒什麼建設性，如果你太放縱就會放棄。同樣的，把自己想得太好，也會放棄，放棄進步的機會，放棄認清調整的機會，等到發現問題才赫然說自己走岔了，千金難買早知道。

對我而言，精準是隨時隨地都要做的探索。只要你感覺這件衣服是對、不對或好、不好的時候，你要想得很精準，它好或不好在哪裡，知道了以後，把它放在所謂中庸地方，或許你知道這件衣服好，但不要莫名其妙替它多加分，或者你找到不好的根源，也要回到中立，想辦法把不好變成更好一點，如果你很精準跟公平的對待好跟不好，如同天秤從同一個起點想，你才能捨得很精準，有捨才會去買，買的時候自然精準。如果你不是重複做這樣的思考方式，天秤上永遠不會平衡，很可能你捨得不精準，買得不精準，永遠跳不出這個輪迴。

「想得精準、捨得精準、買得精準」，這是個練習，你不要以為做完

一次功課，就可以高枕無憂了，它就像每天過日子一樣，今天做完了明天再來一套，它是永遠不會停的，但是如果你已經很快的訓練成這種模式，從想得精準以後，你的選擇就會精準，時間久了，你根本不會意識到自己在做這件事，慢慢的自然會讓精準成為常態，成為常態後，過一段時間衣櫥就會精準，這時衣櫥可以服務你，幫助你做很多精準的決定，或精準的幫你開很多門，以及幫你的身體調成健康狀態，讓你的心情精準的保持在健康水平，這些都很精準平衡時，自然所有互動都會很精準，你會意外的發現，衣櫥會自動幫你去掉很多不夠精準的衣服，不夠精準已經跟你沾不上邊了。

常說視覺是很好的見證，像我們現在有科技工具的輔助，來自手機上的相片，它就是你的資料庫，就算你今天的投資也要把它記錄起來，等到哪一天把資料全部調出來，才能夠很清楚的看到，自己在那個年代是什麼樣子。所謂大世紀有大世紀年代的印象，其實每個人都有世代，並不是只有大世紀才有百年歷史，至少你也有十年、十年的一個分水嶺，透過穿著打扮可以看到自己的蛻變。而透過服裝，你也一定可以清晰的看到自己心靈的成長與心智的成熟。祝福你，也希望你能跟我一起做這個偉大的實驗，從衣服開始學會如何穿著吧！

精準的定義是要有心，要有思考，要認清根源，
然後公正不避諱或不逃縮的面對，而且是恰到好處。（SORBIER）

服裝史上一再被證明的10大經典

或許對很多人而言
擁有KELLY BAG、LV行季箱、TIFFANY鑽戒是個夢
但有些還是在夢想可及的範圍

就時尚界而言，所謂的「經典」是經過時間印證的時尚精華，所變成的經典。「經典」在我的詮釋是「時尚績優股」，因為很多人都忽略了，人一生在衣櫥裡的投資是很可觀的，其實它何嘗不是你努力賺錢然後花費的領域，如果用「投資」心理來打造衣櫥，就好比買股票要買績優股一樣。

「時尚的績優股」有很多百年字號品牌，其實它們就是一個好的績優股代表，因為它們到現在還經得起長時間挑戰而屹立不搖，具有永遠引導國際時尚的地位，它們除了有很多經典的設計外，精緻品質就是它們最大印證，否則它們不可能存留下這麼長的時間。但也有很多款式，也許沒有所謂百年字號的品牌，由於有些款式很可能是因為符合任何年齡，或沒有民族文化的隔閡，它的創造來自於螢幕上的ICON，也許是被編織出來的，衣物的流行就像是一種夢想的追逐，所以有些是以ICON帶動的經典，又或者是因為它被大多數人作選擇而造成的經典，而且是重覆的被不同時代重新詮釋，它也就可以變成經典。因此，經典有兩種，一種是來自品牌資歷的經典；另一種是被偶像化，或被多數人選擇而成為經典的一個方向。

打造一個健康智慧衣櫥，衣櫥裡一定要有經典的衣物，是不斷地被每一時期的設計師重複詮釋的衣物，仔細看便會發現重新詮釋時並沒有改變衣服的形狀，只是用不同的組合跟質材拼接，是永遠經得起時間考驗，你不妨也將投資衣櫥的時間拉長，慢慢累積所謂的經典服裝配件。單單是「時尚的績優股」就可以出一本書，但在本書中先稍微提供十個綜合上述的幾種不同的一個方式，這十個都是績優股的經典，提供你好的選擇，雖是經典卻沒有侵略性的距離，或許對很多人而言，擁有凱莉包、LV行季箱、TIFFANY鑽戒是個夢，但有些還是在夢想可及的範圍。

經典一1
JAMES DEAN
皮衣、白色T-SHIRT、牛仔褲

五〇年代，英年早逝的銀幕偶像詹姆斯狄恩（JAMES DEAN），可說是ICON創造出來的經典。他在電影《養子不教誰之過》的壞兒子形象，是許多影迷的最愛，尤其他身上的皮衣、白色T-SHIRT與牛仔褲，每一個都意識了一種自由的追逐，也成為那個時代的流行服裝。

從人的本能知道拿獸皮禦寒這件事來看，不難發現人跟皮質這種本性的吸引力，看到皮會有一種狂妄不羈、野性或叛逆的感覺，不只是一種征服，也代表生命力。皮質就像人的皮膚一樣，是有生命的、會呼吸的，它會隨著人的體型變成第二印象，這種質材具有記憶性。皮質也會隨著人的體型塑造出獨一無二的線條，所謂經典的皮衣，是讓你能夠在同中求異的一個質材，而且是獨一無二自我塑造的一個質材，因此，它被穿著者不斷的重複使用以後，會有另外一個面貌出現。也因為皮本身具有生命，會在穿著者的歲月裡留下痕跡，事實上，每個材質都會有歲月痕跡，但皮的歲月痕跡有生命的、有獨一無二意識，透過穿著者具有再創獨一無二面貌的特質。或許剛開始皮衣是給彪漢形象的人穿，現在已經演變成中性服裝，是男人女人都能穿的皮衣。

一件簡單、無領、短袖，沒有任何多餘設計的白色T-SHIRT，為何會變成一個全球不分年齡、老幼及性別的經典？因為在任何服裝裡，白色T-SHIRT是最好的媒介，在顏色學裡，白色是無色，是最好的反射顏色，可以反射出穿著者的每個細節、每個輪廓、每個容貌及身上每個線條，可以反射你的獨一無二，也可以反射出任何優缺點。單獨一個白色時，可以獨自成為最純的顏色，是最好的背景，但與別的顏色搭配時，又是個加分的顏色，造就出一種與世無爭的特色，不論是搭配出正或負的極致，它可以

是最高貴、最嚴肅以及最邋遢。白色T-SHIRT是國際穿著的經典，不論是圓領、小V領、長袖或短袖，可以獨立表現出最好的剪裁，又可以做最好的陪襯，以致於一再被證明在任何的穿著搭配裡，如果你身上需要有一件衣物來調和或襯托、反射顏色時，白色T-SHIRT便是你最好的選擇。

早期，牛仔布又稱丹寧布，當初它的出現，是為了解決勞動階級穿著的需求，材質具耐磨、耐操、抗髒及耐洗的特色。牛仔褲象徵著自由自在，因為它讓穿著者不怕髒、不怕勞動、不怕自由行動，它是一個幫助你行動、提供你自由的最佳材質。除了代表人的行動力與活力外，也是一種青春的象徵，而沒有年齡之分。

牛仔褲不受拘束的特質，多是來自年輕、動力或創造力的感覺，甚至是願意打破框框的代表，可以讓人隨心所欲的動，不需太多的整理或熨燙，永遠會有屬於自己的形狀。牛仔之所以經典除了被全球青少年接受外，沒有人是不希望擁有這種年輕形象的，以致於常被用來搭配正式或想要呈現年輕化的穿著，試想牛仔配奢華的皮草，與精緻的手工放在一起，忽然之間是否融合了年輕與摩登的感覺呢？

從皮衣讓你塑造獨一無二的面貌，到白色T-SHIRT反射出你真正的自我，再到給你完全自由舒適的牛仔，這三種衣物代表的意義都是讓你做自己，都是自由發揮獨特性的組合。這三種衣物透過ICON，在電影中角色扮演及故事內容，與他個人能完全契合，任何人穿它都能感受到這些衣物帶來的「能」、「量」，相信每個人都能感受到這一份特質，所以詹姆斯狄恩永遠受人歡迎。把這三個組合放在一起，一定會讓人覺得美一點、帥一點、青春一點或零距離一點。如果上司想接近下屬，或任何人想要所謂的放下身段時，都會選擇這類衣物，事實上這些衣物已經很清楚點出本身特質，它不只是被塑造出這種形象，只要用過的人都屢試不爽，測出來的心理反應都是一樣，所以皮衣、白色T-SHIRT、牛仔褲可以變成經典。

經典—2
AUDREY HEPBURN
七分褲

永遠引領流行時尚、永遠帶著優雅笑容的奧黛麗赫本（AUDREY HEPBURN），至今仍是全球女性模仿的對象。就女性ICON而言，奧黛麗赫本是女性的代表，如果說五〇年代，詹姆斯狄恩代表的是自由個性，甚至帶點叛逆，那麼奧黛麗所代表的就是端莊、典雅、優美。這些特質是每個女人都渴望、喜愛的，也都應該要具備，更是男人眼裡的優質女性。

代表端莊、典雅、優美的奧黛麗赫本，透過螢幕她的某些穿著變成經典，共同創造出赫本風格——流利線條、簡潔設計、優雅大方，在她《羅馬假期》、《龍鳳配》、《第凡內早餐》、《窈窕淑女》等電影中的裝扮，也讓許多人得到不少的時尚靈感。譬如像《龍鳳配》電影中的七分褲裝扮，不斷重複在奧黛麗赫本的電影或平日穿著中，表現出她那俏麗嬌美和端莊典雅。

七分褲當初是以渡假穿著被設計出來的，七分褲給人一種行動輕便的感覺，我也很喜歡。七分褲的長度四季都受女性青睞，因為它讓女性露出最纖細的腳踝，這是任何身材最恭維的一種穿著方式，女人的腳踝也是非常性感的，所以它可以變成經典。如果你是全身纖細的身材，可以搭配窄的七分褲。現在七分褲有很多種設計，每一個設計師在運用七分褲時，視搭配的組合而異，所以七分褲有窄口、褶邊，或完全貼腳的，可以用休閒的七分褲裝扮，或是比較正式一點的毛料配西裝外套，都可以營造一種輕快、年輕、摩登的面貌，這也是七分褲之所以能夠成為經典，不斷被很多設計師拿出來重複詮釋的原因。

七分褲兼具實用性，尤其是夏日天熱時，不會給人拖泥帶水的感覺。不要過度擔心七分褲會讓人覺得腿短，上半身的搭配很重要，可以搭配緊身、寬身或長上衣，搭配得好還具有拉長效果。

不要忽略搭配的鞋子也很重要，可以搭配平底鞋、拖鞋、涼鞋、高跟鞋或芭蕾舞鞋，甚至於冬天配短靴、長靴，可運用的方式很多，也可改變不同面貌，呈現多種風格。

經典｜3
AUDREY HEPBURN
黑洋裝

奧黛麗赫本是不朽的偶像經典人物，她很幸運，可以藉由電影讓全世界的人認識她的淑女端莊形象，尤其是法國設計師紀梵希幫她在電影《第凡內早餐》中的黑色洋裝，簡單卻經得起時間考驗。黑色洋裝本身的形狀很簡單，卻可以讓需要活動的肢體部位能夠靈活的伸出衣服來，這種衣服的形狀已經剪裁到不朽的美感，也是紀梵希的經典之作。經典是因為除了完全符合人性的人體功能以外，在這樣一件最簡單的衣服上，加任何一樣東西會有完全不一樣的改變，像是搭配飾品或配朵花或外套，會像白T-SHIRT一樣可以完全獨立，具極度張力與權力，是主角也是最佳配角。

這件在電影《第凡內早餐》中的黑色洋裝，可能是引發全球對LITTLE BLACK DRESS的一個風潮，因為適度的齊肩線條、很簡單的領線以及過膝的長度，那一件衣服簡單到讓脖子、鎖骨、手臂及腿的線條露出來。但在電影裡搭配了非常誇張的珠寶、黑色手套、黑色大眼鏡以及把頭髮往上盤，使得這一件簡單線條的LITTLE BLACK DRESS變得珍貴無比，也將黑色最具權力、包容、魅力、至尊的特色發揮得淋漓盡致，因此，一件對的黑洋裝是衣櫥裡面的至尊。

服裝有所謂的「DRESS UP」或「DRESS DOWN」。「DRESS UP」就像奧黛麗赫本將誇大的飾品、頭髮配上禮服長手套，它就可以DRESS UP到最隆重的場合。也可以換上一雙平底鞋，拎一個菜藍包，輕鬆的放下頭髮，甚至於在領口上綁一個小方巾，它又可以非常輕俏的、舒服的，甚至可以上菜市場買菜，因此，服裝的變化性可小可大，在這件經典的洋裝上最能夠表現出來。

經典—4 MARILYN MONROE 露背低胸洋裝

因緣際會下，瑪麗蓮夢露（MARILYN MONROE）從事模特兒工作並受到眾人歡迎，於是她開啟了演藝生涯。剛開始演藝事業並不順利，直到主演一部由約翰休士頓幫她安排的《彗星美人》，擔任重要角色後，漸漸打開知名度。為了擺脫花瓶形象，她進入一個演藝工作室接受演出訓練，之後她主演的電影果真有突出的演技表現，同時將她的演藝事業推向高峰，其中流傳至今仍令影迷回味的便是著名的《大江東去》，她的純真與可愛形象也將長留在影迷心中。

也是透過ICON讓這件款式變成經典的是瑪麗蓮夢露，她的代表是性感。凡是提到「性感」兩字，每一個人腦海裡的第一人選就是瑪麗蓮夢露，這是無庸置疑的。她的一顰一笑，都能牽動男人或女人的情緒，在全世界人的心裡，她永遠是完美性感的象徵。直到現在瑪麗蓮夢露已經被各種的運作手法，以及透過零距離媒體的宣傳效應，她已經具有不可磨滅的地位。在《七年之癢》電影中，瑪麗蓮夢露站在地下鐵掀起白色蓬裙的經典畫面，讓這件衣服即刻的榮登性感寶座，如今凡是要有極致性感打扮時，這件露背低胸洋裝便會被模仿，從以前到現在已經被千千萬萬的女人模仿，而且是東西方的女性，都會用它作一種性感的表徵。

異性看女性性感或女性自己覺得性感的時候，表示對自己的身體很有自信心，包括身上每一個部分。在服裝設計上，這件低胸洋裝將她胸部線條表現出來，而女性的乳房是有所謂延續生命的象徵，既母性又女性。又裸露的地方從手臂一直到背部，這種性感穿著是任何女人都可以嘗試的，不論是大胸部、小胸部、平胸部或沒胸部，因為剛好裸露在手臂跟背部，屬於平面的部位，是每個女人身體都有的平面部位，當然不需跟其他女人比較，頂多只有寬窄或多少之分。

我們常說性感的地方是要會動的，所以她那件大裙子，風輕輕一吹，裙子撩起來好像看到似乎又看不到，頗引人遐想，加上她無邪笑容但又充滿誘惑的神情，相信在每個人心裡都烙下了不可抹滅的一種印象。蓬裙除了具有動感魅力外，適度的裸露時又給人一種安全感，因為不是裸露最私密的地方，卻又露得足夠，對異性反而有種想像空間跟吸引力，好比禮物被開了一半，格外令人期待與著迷。

經典—5
HERMÈS
凱莉包

如果說葛麗絲凱莉王妃創造出優雅的流行服裝典範，這一點都不為過，最著名的是在一九五六年她來到紐約，帶了一個很大的方形包包，那是她在巴黎的愛馬仕（HERMÈS）所買的皮包，之後這款皮包以她的名字被稱之為凱莉包（KELLY BAG），她永遠代表了天生的尊貴與皇室的優雅。

凱莉包的容量包容度寬，當初訴求是能夠裝所有東西，具實用性，外觀上端莊，經得起時間考驗，不會給時尚帶來威脅力。透過精緻手藝，凱莉包兼具氣質，是優質又實用的皮包。

葛麗絲凱莉貴為王妃卻有明星的神秘，具有不被同性排斥的美，是沒有殺傷力的，非常端莊優雅，她的美雖然是所有女人不會排斥，卻會是所有男人都夢寐以求作為賢內助，或擁有一個端莊優雅美麗的女伴，她是集合兩性對理想女人的一個極致，即使你畫圖或寫故事也不能夠把一個人的一生做到這麼完美。或許是因為她的形象符合皇室，所以女人用她的東西會有變成皇妃的夢想，男人內心也有娶到皇妃的感覺。雖然你不是明星也不是皇妃，但你也許有同樣的氣質，如果你認同這個代表，想要得到凱莉包且負擔得起，投資它是值回票價的。

任何一個經典如果背後有一個很美的故事，自然會使這個經典被人追求的欲望永遠那麼強烈。凱莉包除了有一個很美的故事以外，它還有一個非常成功的行銷手法，以及愛馬仕的總裁對自己品牌的某種「堅持」，這一直是愛馬仕貫徹的精神。從以前到現在，愛馬仕深信手工打造的原則，也深信在所有的皮革裡挑最好的，所有的皮革都必須透過手的敲打跟整理，工廠的經營方向並沒有無限度擴展，因此，愛馬仕每年生產的量以及有資格製造高品質的議價都是有限的。

在量產的控制下，加上對皮革、手工嚴謹要求，造成全世界供不應求，無形中更增加了凱莉包的資產。所謂好東西是需要時間等待的，好酒需要時間釀造，一只好的包包也需要時間打造，在消費心理學上，無形中形成了一種一包難求的心理現象，使這個皮包的增值空間又往上跳了幾級。

因為堅持純手工，所以限量發行，無形中要得到這個夢想的價值很高，變成不是所有人都可及，給人一種擁有它會是幸福的感覺。加上愛馬仕對自己品牌長年累積下來的經營方式，讓包包深入人的生活裡，它不只是一個包包，它是你生命裡的一些記憶，它的價值觀已經不再是多少小時或運用了多少吋皮，所以愛馬仕的凱莉包會變成一個全球包包裡的經典。

經典—6
CHANEL
四口袋外套

COCO CHANEL一生傳奇的命運與愛情故事，使她有一些經典的設計，如四口袋夾克、菱格包、山茶花。這些之所以變成經典，還有一個非常成功的因素，如果將某一種圖騰或某一樣東西一再的發揮、重複使用跟詮釋，所謂精益求精，它已經變成精髓，具有不可被取代的地位，或不可能被混淆的一種印象，它就會變成經典。所以香奈兒（CHANEL）一再的將COCO CHANEL當初設計的四口袋精神繼續的發揚與詮釋，隨著不同潮流做適度改變，同樣的道理，香奈兒有經典的菱格包與山茶花。

早期香奈兒服裝代表革命與前衛，這種革命性來自於COCO CHANEL的個性，她出生於貧民家族，在孤兒院內學習裁縫，如果一個人沒有物質上的享受，卻可以用幻想力去創造一個王國，造就她由孤兒院內得來的創作靈感，推出帶點叛逆的女學生裝扮，蔚為風潮，甚至她把名字改了，連身世都有所改變。其實沒什麼事是不可能的，COCO CHANEL是最典型的代表，突破現況創造了新的人生，這種不服輸的力量之所以流傳到現在，跟人的本性有關，目標清楚，便要激勵奮鬥一路往前走，她的衣物便具有這種特質，她的精神更是永垂不朽，以致於被許多人模仿。

COCO CHANEL勇於突破、改變，讓女人從緊身衣的束縛中解放出來，雖然從男人的內衣拿出很多元素，卻不要女人像個男人，其中著名的四口袋夾克便是從男人西裝裡得到的元素，是香奈兒經典外套最明顯的辯識特色之一。之所以要有四個口袋，COCO CHANEL說因為她要工作，所以要有放東西的地方。投資一件好的四口袋夾克，或許剛開始是因為功能性，但等你的衣櫥提昇了以後，它則兼顧了所謂遮掩不完美線條的功能，或許是因為她的身材屬扁平型，於是運用直線條來代表另一種美的外型，以修長的線條來帶出個性，直到現在，不論是纖細或扁平身材的人，仍有很多人用這個線條來條飾身材，襯托現代女人的優雅與力量。

經典｜7
CHANEL 山茶花

山茶花之所以經典不單是山茶花的美麗，而是它有了COCO CHANEL一生傳奇的愛情洗禮。

它的花性是堅忍、毅力，卻又那麼的脆弱，只要手指碰到花瓣的地方就會變黃，這又何嘗不是象徵著愛情？愛情的堅韌或忠貞是可以非常強大偉大的，卻又脆弱得不堪一擊愛情的來跟去，就像山茶花的花性一樣，所以為什麼山茶花可以變成一種強烈的經典，都是有緣由的。

沒有人不覺得花是賞心悅目的，很多人會把花運用在人身上，這是很自然的動作，而且是男人女人都會做的，這也是COCO CHANEL當初會挑選山茶花的原因之一。當時她交了一個俄國公爵男友，她發現俄國人在歡樂場合或晚宴時，會放一朵花在胸襟裡面，她覺得這一朵白色的山茶花很醒目，它那接近圓形並有著規律的花瓣，開得很完美，但又很有紀律的單數、雙數一層一層綻放開來，幾乎很少有花是開得如此有紀律的，也間接符合了COCO CHANEL所強調的帶有中性調的女人特質，所以山茶花可以變成一個香奈兒的經典符號。

剛開始COCO CHANEL利用布料，將山茶花的嬌媚隨性的別在胸襟或繫在髮際上，成為裝扮自己時的經典象徵。之後她運用在香奈兒的珠寶設計中，從經典的蛋白石、黑瑪瑙，到尊貴的祖母綠、紅寶石及鑽石，設計出耳環、頸鍊及胸針，甚至把山茶花變成戒指，用瓷燒出來的一朵白色山茶花戴在手上，賦予山茶花不同的新生命，讓山茶花可以綻放在女人身體的每個部位。山茶花從開始一直到現在，雖然有不同的材質跟面貌，但它所帶來的精神是不變的，當然它的故事也永遠都不可能會被遺忘。

經典—8
LOUIS VUITTON
行李箱

LV有一百五十年的歷史，尤其近年來在積極全球行銷下，LV的名聲好像只有繼續往績優股最高點去衝，而且像是一個每天只會增值、不會減值的績優股，這跟LV最原始做皮件，從行李起家很有關係。因為LV永遠都是在皮件上精益求精的做發展，所謂樹立品牌的形象，現在只要想到旅行，就會想到LV的皮箱，這也是LV一百五十年來從沒放棄過要述說的故事。

就人性的心理學來看，人對開拓、追夢、尋找、冒險的旅行心理是永遠不會放棄的，旅行是人性最嚮往的夢想，要追夢就要旅行，而旅行總要有東西來帶你的私囊吧。因此，LV塑造一個旅行王國，從以前很重的木箱到現在軟皮，甚至是布質行李箱都有，當然LV也發展很多周邊產品，但LV的精髓還是在它的行李箱，這也是一百五十年來一直重複詮釋的原因。

PETIT
150
ANS
TNT

法國國家語言科學院院士兼詩人鐘恩寇克多（JEAN COCTEAU）配戴三環戒；
三環戒即是路易卡地亞（Louis Cartier）為他設計打造的。

經典—9
CARTIER
三環戒

三環戒（TRINITY）把三個戒指串在一起，三種材質，有三種意境。在設計上的意義：白金的部份代表友情，黃金的部份象徵忠誠，玫瑰金則詮釋了愛情。

在我眼中，這三種金屬顏色：金色、銀色及玫瑰金，組合成三環戒設計上的和諧與完美，如三道耀眼的光芒，彼此緊緊相扣，纏繞出三色金環，激盪出火花。

三環戒（TRINITY）有遊戲功能，她同時可以自我對話、規律動作，這些功能對人們的視覺、心理都有平衡作用。當我把玩三環戒時，她時而運轉順暢，時而交集摩擦，真像極了為人處世的方法，有交集，而後有摩擦，有摩擦，而後能擁有。

當我擁有三環戒，我知道自己不是為了好奇，而是為了互動，這正是三環戒成為經典的原因。

經典—10
TIFFANY
鑽戒

TIFFANY之所以在百年品牌裡歷久不衰，是因為TIFFANY鑽戒透過藍色盒子代表一種堅貞的愛情，TIFFANY非常成功的透過包裝來達成一種印象。打開白色絲帶，在小小的藍色盒子裡，就有一顆象徵愛情宣言的鑽石，當你看到一個藍色盒子，就知道送你的這個人是帶著愛來的。

事實上，鑽石什麼人都在賣，或許貨源是一樣的，但就是因為它是來自於藍色盒子裡面，給人一種對愛情很具誠意的經典畫面跟印象，它就是求

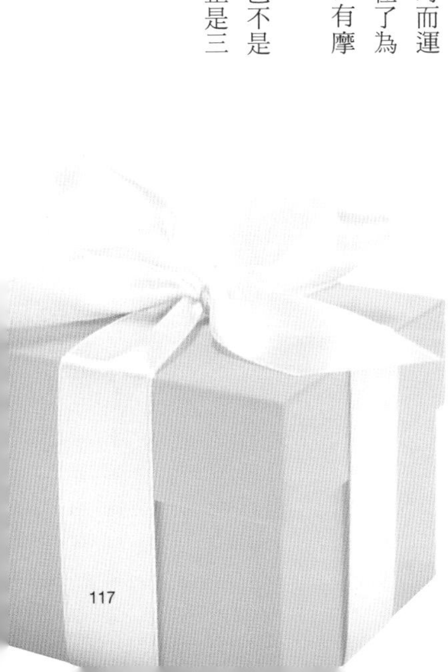

愛的一個最經典的代表，使TIFFANY鑽戒變成經典，這也跟品牌企業一直維持品質，或百年來營造國際印象是有關係的，當不變去應萬變的時候，經典才會產生。

藍色盒子所代表的是不變，是最好的品牌、最好的服務，每個藍色盒子述說的是一樣的故事，所以它不用去應對每天在外面各式各樣的變化，而是用最簡單的岩石、沒有多餘的設計去代表這個不變，就像愛情的堅貞一樣，那個藍色盒子代表了不變應萬變的愛。

如果你從這個藍色盒子跟另外一個盒子裡拿出鑽戒，無形之中你的感受會很不同，這時就是「能」跟「量」了。選擇從藍色盒子示愛的人，他的「能」已經是高了，又它的「量」傳遞到收納人的手裡，「量」相對的是無比的高。

所謂「品牌力量」，每一個人將自己的人生經營成什麼樣子，在別人眼中，你是有價值還是沒價值，我們何嘗不是在品牌自己？不論做什麼行業，如果我們把每天做的事當成一個企業在經營，或把自己本身的能力提供給別人，不論是技藝或服務都當作商品，那何嘗不是在做「自我品牌」？同樣的道理，經典通常也是代表一個高品質、高價值、高知名度，高知名度並不是偶然，它的因素是很多的。

林肯總統夫人（Mary Todd Lincolin）鍾愛蒂芙尼珍珠。1861年初，美國總統當選人亞伯拉罕・林肯（Abraham Lincoln）造訪蒂芙尼公司，打算為夫人選購珠寶首飾。他選購了珍珠項鍊、胸針、手鐲和耳環，讓夫人在就職大典的晚宴中佩戴。後任的美國總統和其他多國元首，也都效法林肯的手筆。

WORLD COLLECTIONS '05-'06 A/W

CHANEL

LOUIS VUITTON

CHLOÉ

CHRISTIAN DIOR

ALEXANDER McQUEEN

HERMÈS

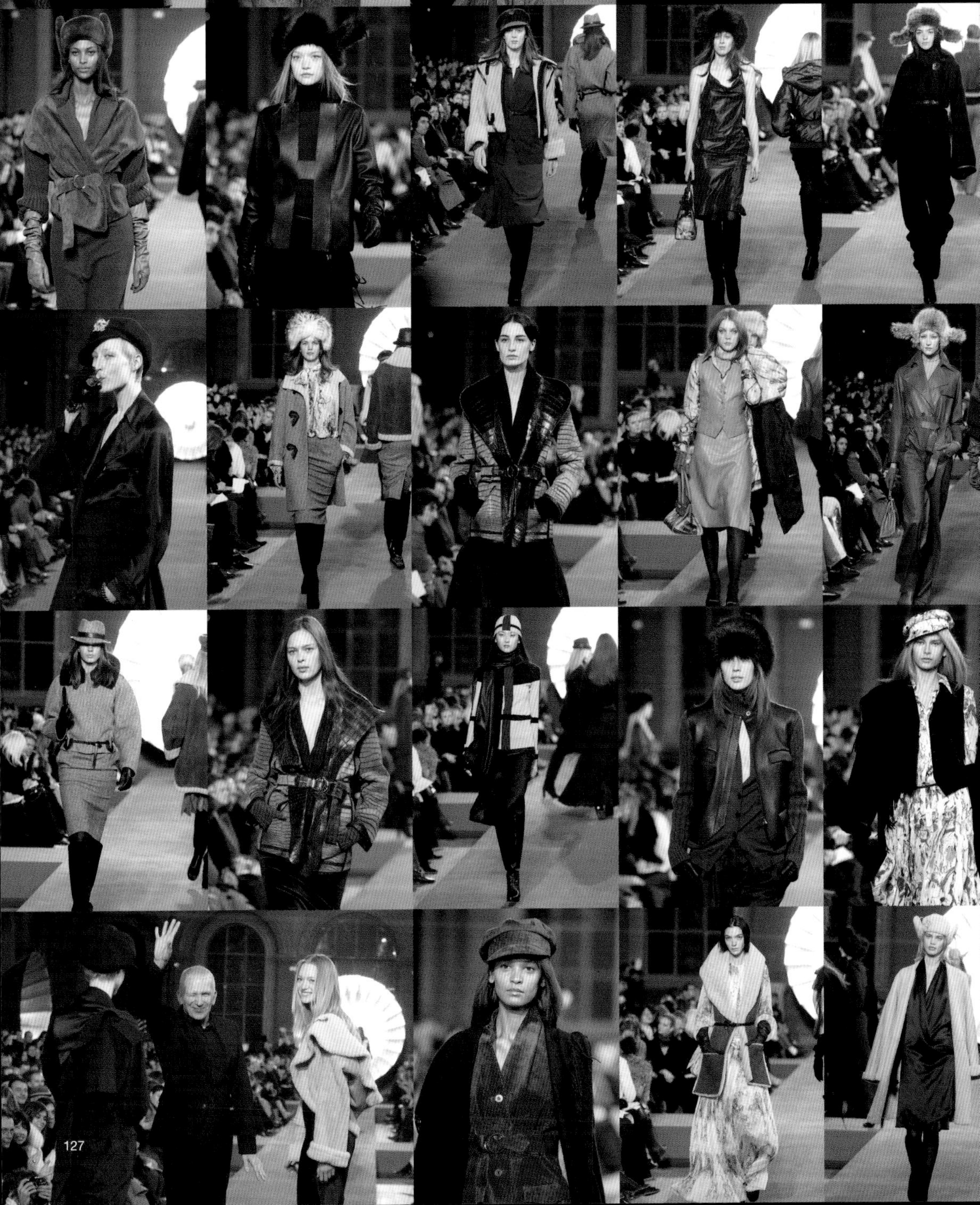

JOHN GALLIANO

JEAN PAUL GAULTIER

SONIA RYKIEL

LOEWE

VIVIENNE WESTWOOD

KENZO

CHRISTIAN LACROIX

STELLA McCARTNEY

VALENTION

LAGERFELD GALLERY

SCHERRER

UNGARO

STAGE WORK /FINAL

13	14	15	16	01
12				02
11				03
10				04
09	08	07	06	05

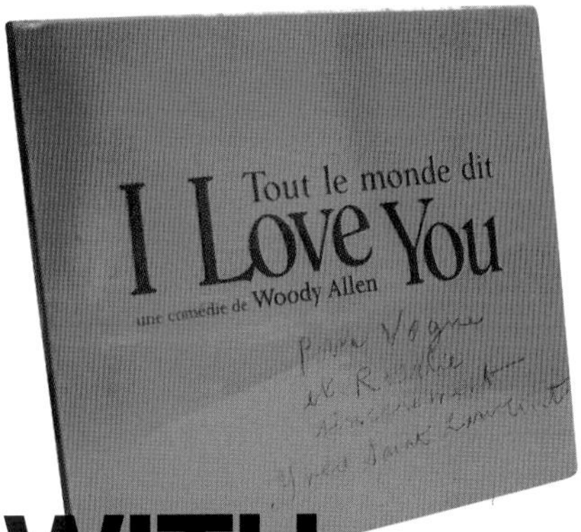

WITH DESIGNER

01 ALBER ELBAZ (LANVIN)
02 KARL LAGERFELD
03 VIVIENNE WESTWOOD
04 SONIA RYKIEL
05 VALENTINO
06 CHLOÉ
07 CHRISTIAN LACROIX
08 YHOJI YAMAMOTO
09 STELLA McCARTNEY
10 AZZEDINE ALAIA
11 JOSE ENRIQUE
12 TOM FORD
13 JOHN GALLIANO
14 STEFANO RILATI (YVES SAINT LAURENT)
15 DONNA KARAN
16 MARC JACOBS

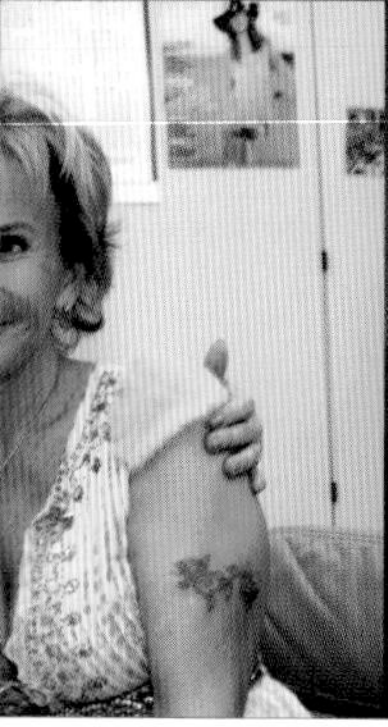

01 MISSONI
02 ROMEO GIGLI
03 GIANFRANCO FERRE
04 HERVE LEGER
05 ANDREW G.N
06 PACO RABANNE
07 KRASTIN SCOTT THOMAS
08 OSCAR DE LA RENTA
09 ALEXANDER MCQUEEN
10 MARITHE BACHELLERIE
11 CHRISTIAN LACROIX
12 TAKASHI MURAKAMI
13 EMANUEL UNGARO
14 EMANUEL
15 ANNA MOLINARI
16 MICHAEL KORS

WITH DESIGNER

13	14	15	16	01
12				02
11				03
10				04
09	08	07	06	05

13	14	15	16	01
12				02
11				03
10				04
09	08	07	06	05

WITH NOTABLES

01 SHALOM HARLOW
02 DEVON AOKI
03 CAROLINA
04 MAGGIE
05 EVA HERZIGOVA
06 MILLA JOVAVICH
07 CATHERINE DENEUVE
08 KIM SO YEON
09 MAGGIE CHANG
10 SELMA BLAIRE
11 GISELE
12 DON JOHNSON
13 ANNA PIAGGI
14 GERARD DEPARDIEU
15 KRISTIN SCOTT THOMAS
16 IVANA TRUMP

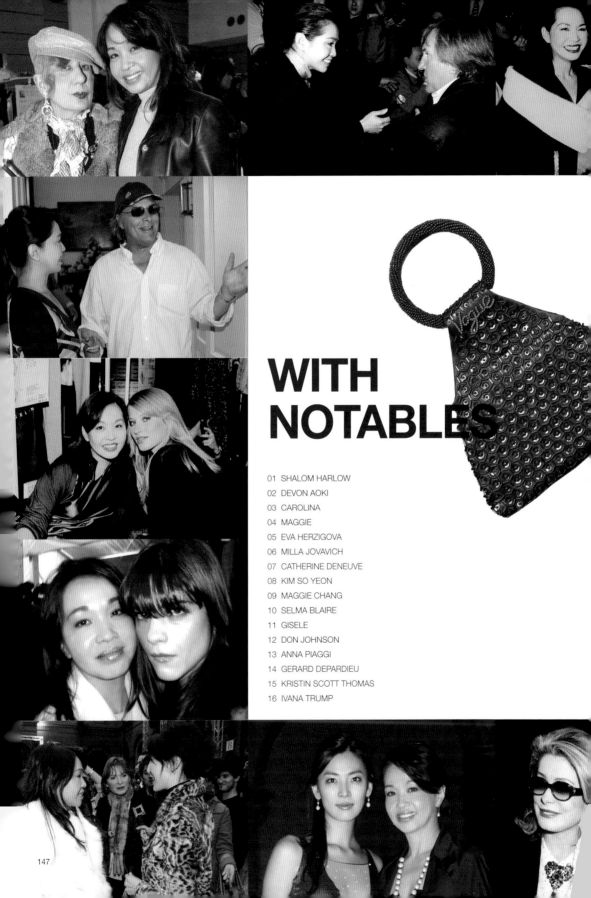

特別感謝

攝影師｜吳明哲　化妝師｜何信克　髮型師｜MARK

樺舍印前事業股份有限公司｜陳妍君・林妍君・高業

十大經典提供｜TIFFANY & CO・CARTIER・BVLGARI

秀片提供｜PHOTOGRAPHED BY RINDOFF-BORDE, ANGELI

JOHN GALLIANO

aella 01

DRESS, UNDRESS
脫衣術

作者：黃薇
責任編輯：韓秀玫
美術設計：徐鈺雯
法律顧問：全理法律事務所董安丹律師
出版者：大塊文化出版股份有限公司
地址：台北市105南京東路四段25號11樓
電話：02-8712-3898　傳真：02-8712-3897
讀者服務專線：0800-006-689
戶名：大塊文化出版股份有限公司
郵撥帳號：18955675
網址：www.locuspublishing.com
電子信箱：locus@ locuspublishing.com
總經銷：大和書報圖書股份有限公司
地址：台北縣五股工業區五工五路2號
電話：02-8990-2588　傳真：02-2290-1658
初版一刷：2005年10月
定價：NT$280元
ISBN：986-7291-45-X
Printed in Taiwan

行政院新聞局局版北市業字第706號

aella

ATTRACTION · ELEGANCE · LOVE · LEARNING · ACTION